El Salvador Resucitado

VIVIENDO EN EL PODER DE LA RESURRECCIÓN DE CRISTO

DR. JOHN ANIEMEKE

DR. CHIDINMA ANIEMEKE

EL SALVADOR RESUCITADO

Viviendo en el Poder de la Resurrección de Cristo

Copyright ©2025 por Dr. John Aniemeke y Dra. Chidinma Aniemeke

ISBN de Tapa Blanda: 978-1-965593-40-0

Todos los derechos reservados. Ninguna parte de esta publicación puede ser reproducida, distribuida o transmitida de ninguna forma ni por ningún medio, incluyendo fotocopias, grabaciones u otros métodos electrónicos o mecánicos, sin el permiso previo y por escrito de los autores, excepto en el caso de breves citas incluidas en reseñas y otros usos no comerciales permitidos por la ley de derechos de autor.

Publicado por Cornerstone Publishing
Una división de Cornerstone Creativity Group LLC
Info@thecornerstonepublishers.com
www.thecornerstonepublishers.com

Contacto con los autores

Para invitar a los autores a hablar en su próximo evento o para pedir copias al por mayor de este libro, por favor utilice la siguiente información:

janiemeke@yahoo.com

Impreso en los Estados Unidos de América.

PRÓLOGO

He tenido el privilegio de revisar el contenido de este libro, El Salvador Resucitado. Desde entonces, he orado continuamente para que sirva como un conducto para el cumplimiento de las provisiones redentoras de Dios en la vida de las personas. Este libro habla de la realidad de la restauración—ya sea el triunfo de un creyente después de muchas pruebas, el regreso de un deportista en los momentos finales, el renacer de la esperanza para un político, o la resurrección milagrosa de lo que parecía perdido, al igual que los huesos secos en la visión de Ezequiel.

El Salvador Resucitado es una profunda exposición del plan redentor de Dios—un diseño divino puesto en marcha desde la misma caída del hombre en el Jardín del Edén. En la gran narrativa de la restauración, Jesucristo, el Salvador, se erige como la figura central. Como sustituto del hombre, asumió la misión de la redención, viviendo una vida sin pecado en desafío al enemigo, entregando Su cuerpo y Su sangre en la Cruz para expiar los pecados de la humanidad, y finalmente abrazando la sepultura. Pero, como recompensa divina, triunfó mediante la Resurrección, asegurando la justicia eterna y la victoria para todos los que creen. Este libro es una celebración de esa victoria—un testimonio de la vida de dominio que se encuentra en Cristo.

El mensaje de El Salvador Resucitado resalta la Resurrección de Jesús como la piedra angular de nuestra fe. A través de una fe inquebrantable en Él, los creyentes participan de Su victoria y dominio, empoderados por el Espíritu Santo para vivir en la plenitud de la vida divina. La expiación en el Calvario y la Resurrección son los dos pilares sobre los cuales se sustenta la fe cristiana, y este libro subraya magistralmente su significado. Recomiendo de todo corazón El Salvador Resucitado a todos los que buscan una revelación más profunda de la victoria de Cristo.

También me siento profundamente honrado de estar afiliado con los coautores de este libro—verdaderos vasos del Reino de Dios. Su dedicación inquebrantable a Cristo y su compromiso con la difusión del mensaje de Su Resurrección los distingue como portadores de la antorcha de esta generación. Las palabras contenidas en estas páginas, nacidas de sus corazones e inspiración divina, te impartirán gracia, favor y unción mientras abrazas el poder de la Vida de Resurrección—una vida llena de avances, maravillas y la gloria manifiesta de Dios.

Apóstol Emmanuel E. Nwogu
La Iglesia Apostólica, Brooklyn, NY

DEDICATORIA

Este libro está dedicado a la Gloria de Dios y a todos los creyentes en Cristo que anhelan Su regreso. ¡Maranata!

CONTENIDOS

PRÓLOGO iii

DEDICATORIA v

INTRODUCCIÓN ix

1. LA GRAN PROCLAMACIÓN: ¡ÉL HA RESUCITADO! 1
2. PRUEBAS DE LA RESURRECCIÓN 13
3. LA CRUCIFIXIÓN: EL COMIENZO DE LAS BENDICIONES DE LA RESURRECCIÓN 33
4. LAS MARAVILLAS DE LA MUERTE DE CRISTO 43
5. LA RESURRECCIÓN COMO PIEDRA ANGULAR DE NUESTRA FE 59
6. LA RESURRECCIÓN Y TU DOMINIO 77
7. LA RESURRECCIÓN Y NUESTRA GLORIA ETERNA 95
8. ¡TÚ ERES EL QUINTO EVANGELIO! 107

INTRODUCCIÓN

A lo largo de la historia, ninguna personalidad ha ejercido una autoridad e influencia tan profundas como nuestro Señor y Salvador, Jesucristo. Su vida victoriosa y Su muerte vicaria continúan resonando a través de generaciones de la humanidad, transformando las vidas y destinos de multitudes alrededor del mundo. Sin embargo, es en el poder sin igual de Su resurrección donde encontramos nuestra identidad, propósito y dominio supremos como Sus seguidores.

La resurrección se erige como el momento definitorio de la historia. Fue el instante en que se estableció el fundamento de nuestra fe y se abrió de par en par la compuerta de la salvación, redención y vida eterna para todos aquellos que decidan abrazar al Salvador resucitado. A través de la resurrección, Jesús no solo conquistó la tumba, sino que también nos introdujo en una nueva era de un mover de Dios sin precedentes y de restauración de nuestra gloria perdida.

No obstante, aún existe una gran ignorancia, incredulidad

y ligereza en la actitud de muchos frente a este evento fenomenal. Y, naturalmente, las maravillas y riquezas múltiples que fluyen de la resurrección continúan eludiéndoles. Esta desconcertante realidad impulsó la inspiración para este libro. A lo largo de sus páginas, encontrarás poderosas revelaciones sobre las múltiples dimensiones e implicaciones de la resurrección. Descubrirás verdades que transforman vidas sobre el significado de la resurrección para la humanidad en general, y para ti, en particular.

Con amplias evidencias bíblicas y de la vida real, descubrirás cómo un encuentro con el Salvador resucitado puede reposicionar tu vida, renovar tu fe y despertarte a un sentido más profundo de propósito. En esencia, este libro no es simplemente una exploración teológica, sino una invitación a encontrarte con el Cristo triunfante. Es un llamado a abrazar la realidad empoderadora del poder de la resurrección y permitir que impregne cada aspecto de tu ser, reflejándose en tu forma de vivir y en tu visión de la eternidad.

Ya seas un nuevo convertido o un creyente experimentado en busca de una visión espiritual más profunda, ¡que las revelaciones contenidas en este libro enriquezcan tu fe, enciendan tu espíritu e inspiren tu vida diaria en el poder del Salvador resucitado, Jesucristo!

1
LA GRAN PROCLAMACIÓN: ¡ÉL HA RESUCITADO!

Salió triunfante del sepulcro;
Con gran poder venció al mal;
Del reino oscuro es vencedor,
Y por los siglos reinará.
¡Resucitó! ¡Resucitó! ¡Aleluya! ¡Cristo resucitó!
– ROBERT LOWRY

Era justo antes del amanecer del domingo, el tercer día después de la muerte de Jesucristo. La ciudad de Jerusalén dormía en un silencio sombrío, aún cargando el peso del evento que sacudió la tierra. Particularmente para Sus discípulos y las multitudes que habían sido bendecidas por Su vida y ministerio, la crucifixión había arrojado un velo de dolor sobre ellos, dejándolos perplejos y abatidos. Sin embargo, cuando la primera luz del día comenzó a iluminar el horizonte, un grupo de mujeres que lo habían seguido fielmente emprendieron un viaje solemne hacia Su tumba.

Entre ellas estaba María Magdalena, con el corazón cargado de tristeza y sus pasos vacilantes con cada recuerdo de la crucifixión. También estaban María, la madre de Jacobo, y Salomé, con corazones dolidos pero con una devoción inquebrantable. Llevaban especias para ungir el cuerpo de su amado Maestro, y se dirigían al sepulcro donde Jesús había sido colocado.

Al acercarse, sus ojos se esforzaban por ver en la oscuridad, buscando la enorme piedra que sellaba la entrada, preguntándose cómo la moverían. Para su asombro, encontraron la piedra removida y la entrada completamente abierta. El temor las paralizó por un instante mientras se preguntaban quién podría haber hecho tal cosa. ¿Acaso habían robado el cuerpo de su Señor?

Sus corazones se aceleraron al mirar dentro del sepulcro, pero lo que vieron les cortó la respiración.

No había ningún cuerpo allí.

Las vendas funerarias estaban dobladas cuidadosamente y puestas a un lado, como si el cuerpo que venían a ungir simplemente se hubiera desvanecido.

—¿Dónde está Él? —susurró María Magdalena, con la voz temblorosa de emoción.

—No está aquí —respondió María, la madre de Jacobo.

En ese momento, el temor se transformó en confusión, y la confusión se mezcló con incredulidad al intentar entender el espectáculo frente a ellas. De repente, dos hombres con vestiduras resplandecientes se pusieron junto a ellas, y sus palabras resonaron en el silencio de la mañana:

"¿POR QUÉ BUSCAN ENTRE LOS MUERTOS AL QUE VIVE? ¡NO ESTÁ AQUÍ, SINO QUE HA RESUCITADO!"

Y añadieron:

"Recuerden lo que les dijo cuando aún estaba con ustedes en Galilea: 'El Hijo del Hombre debe ser entregado en manos de pecadores, ser crucificado y resucitar al tercer día.'"

Con esa proclamación extraordinaria y el recuerdo de que Cristo, en efecto, había profetizado Su muerte y resurrección, todo cambió en ese instante. Para aquellas mujeres, el amanecer se iluminó con una nueva luz, como si el mundo entero reconociera que algo sin precedentes acababa de suceder. La luz de la esperanza rompió la oscuridad que envolvía sus almas. La realización de que su Salvador había conquistado la muerte tal como lo había prometido, las llenó de un gozo que sobrepasaba todo entendimiento.

Mientras regresaban por las calles de Jerusalén, sus pasos se aceleraron con un nuevo sentido de esperanza y propósito. Habían presenciado un milagro espectacular que cambiaría el curso de la historia para siempre. Y así, mientras el sol proféticamente volvía a salir sobre la ciudad, derramando su luz dorada sobre la tierra, la noticia de la resurrección de Jesús comenzó a extenderse, comenzando por Sus discípulos.

Naturalmente, al principio hubo dudas y confusión; pero pronto dieron paso a estallidos de alabanza triunfal, cuando el pueblo de Dios se dio cuenta de que, en efecto, era un nuevo amanecer de esperanza, gozo y seguridad de vida eterna para todos los creyentes en el Salvador resucitado. El cántico de sus corazones y labios resonaba como el del salmista en el Salmo 126:1-3:

Cuando el SEÑOR hizo volver la cautividad de Sion,
éramos como los que sueñan.
Entonces nuestra boca se llenó de risa,
y nuestra lengua de alabanza;
entonces dijeron entre las naciones:
"Grandes cosas ha hecho el SEÑOR con ellos."
Grandes cosas ha hecho el SEÑOR con nosotros;
y estamos alegres.

Mi oración por ti, querido lector, es que, en esta misma temporada, haya una restauración repentina de tu suerte en todas las áreas de tu vida. Toda pérdida que hayas experimentado será revertida y toda prueba se convertirá en testimonio. Por el poder del Cristo resucitado, recibirás "corona en lugar de ceniza, óleo de gozo en lugar de luto, manto de alegría en lugar del espíritu angustiado" (Isaías 61:3, RVR1960).

UN CASI ANTICLÍMAX

Para apreciar plenamente la magnitud del gozo que los discípulos y demás creyentes experimentaron tras recibir la noticia de la resurrección de Jesús, hay que entender la profundidad de la decepción y la angustia en la que estas mismas personas habían estado sumidas días antes. El estado de su mente se refleja mejor en el lamento de los dos discípulos en el camino a Emaús:

"Entonces uno de ellos, llamado Cleofas, le dijo: ¿Eres tú el único forastero en Jerusalén que no ha sabido las cosas que en ella han acontecido en estos días? Entonces él les dijo: ¿Qué cosas? Y ellos le dijeron: De Jesús nazareno, que fue varón profeta, poderoso en obra y en palabra delante de Dios y de todo el pueblo; y cómo le entregaron los principales sacerdotes y nuestros gobernantes a sentencia de muerte, y le crucificaron. Pero nosotros esperábamos que él era el que había de redimir a Israel..." (Lucas 24:18–21, RVR1960).

La verdad, como revelan estos versículos, es que había

grandes expectativas puestas en Jesucristo, porque el pueblo lo valoraba profundamente. Aunque algunas de esas expectativas (como las expresadas en el camino a Emaús) estaban fuera de lugar, lo cierto es que la vida y ministerio de Jesús habían elevado enormemente la esperanza de las personas.

Para dar contexto, Su ministerio comenzó en uno de los períodos más oscuros de la historia del pueblo judío. No solo estaban oprimidos políticamente bajo el régimen dictatorial de los romanos, sino que también estaban agobiados por los excesos religiosos de los fariseos y saduceos.

Por eso, gracias a Sus enseñanzas emancipadoras y poderosas de la Palabra de Dios (Marcos 1:21–28), junto con los milagros diversos y sin precedentes que realizó, muchos llegaron a aceptarlo como el Mesías prometido. Lo veían como el "Ungido", enviado no solo para renovar su fe y guiarlos de vuelta a Dios, sino también para liberarlos del yugo del Imperio Romano. Su confianza en Él era tan firme y su desesperación tan profunda que hasta intentaron hacerlo rey por la fuerza (Juan 6:15).

Los discípulos, en particular, se habían aferrado tanto a Jesús que lo dejaron todo para seguirle. En una ocasión, Él les preguntó si también querían abandonarlo, y su respuesta fue:

"Señor, ¿a quién iremos? Tú tienes palabras de vida eterna. Y nosotros hemos creído y conocido que tú eres el Cristo, el Hijo del Dios viviente." (Juan 6:68–69).

En otra ocasión, Jesús les preguntó:

"¿Quién dicen los hombres que es el Hijo del Hombre?" Y ellos respondieron: "Unos dicen que Juan el Bautista; otros, Elías; y otros, Jeremías o alguno de los profetas." Entonces Jesús les dijo: "Y ustedes, ¿quién dicen que soy yo?" Y Simón Pedro respondió: "Tú eres el Cristo, el Hijo del Dios viviente." (Mateo 16:13–16).

Esta fe sólida en la divinidad y el poder de Jesús llevó a los discípulos a prometerle fidelidad total, incluso hasta la muerte (Mateo 26:35). Puedes entonces imaginarte la magnitud de su confusión y desesperanza cuando, ante sus propios ojos, el supuesto Libertador fue capturado y tratado como un criminal común. ¡Y parecía incapaz de defenderse o liberarse! ¿Era real o habían sido engañados por un impostor?

No es de extrañar que no pasara mucho tiempo antes de que lo abandonaran. Incluso Pedro, quien había jurado defenderlo, no tardó en negarlo tres veces. En dos de esas ocasiones, se refirió a Jesús simplemente como "ese hombre", ¡con toda admiración borrada! Tal fue la profundidad de su desilusión.

La crucifixión en sí fue un espectáculo público de humillación y burla, con Jesús colgado impotente, después de ser despojado, azotado, abofeteado, escupido y brutalmente herido. Aquellos que creían en Él aún guardaban una última esperanza, confiando en que podía realizar un milagro—después de todo, había resucitado a Lázaro después de varios días de muerto.

Pero en lugar de palabras de poder y autoridad, Jesús gritó con angustia por sed y abandono. Incluso cuando la multitud burlona lo desafió a salvarse a sí mismo, no hizo absolutamente nada.

Cuando finalmente murió, los discípulos no solo se sintieron abatidos y humillados, sino que también quedaron confundidos y angustiados. Habían perdido la esperanza y no sabían qué les deparaba el futuro. ¿Acaso eso era lo que habían apostado con la totalidad de sus vidas?

No es de extrañar que un comentario bíblico describiera la muerte de Cristo como el evento más impactante y desesperanzador de la historia.

UNA VISIÓN PERSONALIZADA

Tómate un minuto para personalizar esta experiencia, para que puedas captar aún mejor el panorama. Ponte en los zapatos de los discípulos. El hombre al que has estado siguiendo —el hombre en quien creías que era Dios hecho carne— ahora está en manos de las autoridades romanas. En Su juicio público, te abres paso entre la multitud para ver a tu Salvador, solo para encontrarlo magullado y golpeado.

La multitud grita al que tú amas y adoras:

"¡Crucifícale!" Aunque nadie puede encontrar falta en Él, el gobernador romano (Poncio Pilato) cede ante la presión. Sentencia a Jesús a morir, y los soldados romanos no pierden tiempo en llevárselo. Corres tras ellos tan rápido como puedes.

Llegas a la residencia del gobernador. Pegas el oído a las paredes y escuchas los insultos de los soldados. Espiando por una ventana, ves a Jesús, completamente humillado, de pie frente a aquellos a quienes vino a salvar. Una corona de espinas reposa sobre Su cabeza, y chorros de sangre recorren Su rostro. Golpe tras golpe, los romanos lo azotan y gritan:

"¡Salve, Rey de los judíos!" (Marcos 15:18).

La confusión sacude tu mente. Con tus propios ojos viste a Jesús alimentar a miles con solo unos panes y peces. Estuviste allí cuando resucitó a un hombre llamado Lázaro, y lo viste salir caminando de su tumba. Fuiste testigo de cómo dio vista a los ciegos y permitió a los cojos caminar.

¿Por qué ahora simplemente está ahí, sin hacer nada?

Luego, los soldados lo sacan de la residencia del gobernador hacia una colina. Lo cuelgan en una cruz. Mientras clavan Sus manos y pies en la madera, los gritos de dolor perforan tus oídos y desgarran tu corazón. Desnudo y agonizante, Jesús exclama entre Sus últimas palabras:

"Dios mío, Dios mío, ¿por qué me has desamparado?" (Marcos 15:34).

Poco después, exhala Su último aliento. Y como si no bastara con Su humillación, para probar que realmente está muerto, uno de los soldados le atraviesa el costado con una lanza, y al instante brotan sangre y agua (Juan 19:34).

De inmediato, la devastación te abruma. ¡Él era el que se suponía que te salvaría de la muerte! ¡Él fue quien dijo que había traído vida! Te sientes sin esperanza, confundido y sumido en el dolor. Jesús ha muerto. Aquel que considerabas Dios… ha muerto.

Imagínate esto por un momento. ¡Qué desesperación y desolación tan monumentales!

LA ÚLTIMA PALABRA

Pero gracias a Dios, ni los enemigos humanos de Cristo, ni las fuerzas de las tinieblas, ni la tumba pudieron tener la última palabra sobre Él. Tal como lo había anunciado, Jesús venció las cadenas de la muerte y resucitó del sepulcro con poder y majestad.

Fue esta victoria la que transformó por completo la realidad de los discípulos y de multitudes en todo el mundo que habrían de creer en Su nombre. De repente, para los discípulos y demás creyentes, ¡el temor y la tristeza se convirtieron en gozo!

¡Las malas noticias se transformaron en buenas noticias! La oscuridad dio paso a la luz. La miseria se volvió bendición. La desesperanza se convirtió en esperanza, ¡y la noche lúgubre en un día glorioso!

En última instancia, la resurrección prueba con poder que todo lo que la humanidad ha destruido, Dios puede restaurarlo.

¡Declaro sobre ti y tu familia en este momento que tu esperanza, tu gozo y tu destino son restaurados en el nombre de Jesús!

2
PRUEBAS DE LA RESURRECCIÓN

"No conozco ningún otro hecho en la historia de la humanidad que esté probado con mejor y más completa evidencia que la gran señal que Dios nos ha dado: que Cristo murió y resucitó de entre los muertos."

— THOMAS ARNOLD

El renombrado teólogo y predicador radial John Vernon McGee recibió una vez una carta de una señora que había estado escuchando su programa de radio. Ella escribió:

"Nuestra maestra dijo que Jesús solo se desmayó en la cruz y que los discípulos lo cuidaron hasta que recuperó la salud. ¿Qué opina usted?"

Sabiendo que aquella "maestra" seguramente era una de esas personas que promueven la "teoría del desmayo" —la cual afirma que Jesús no murió realmente en la crucifixión, sino que solo quedó inconsciente y luego fue reanimado en la tumba—, McGee dio una respuesta interesante. Dijo:

"Querida hermana, golpee a su maestra con un látigo de cuero. Clávela en una cruz. Déjela colgada al sol por seis horas. Atraviésele el corazón con una lanza. Embalsámela. Póngala en una tumba sellada sin oxígeno por tres días. Y entonces vea qué pasa."

En efecto, las maravillas y verdades que rodean la resurrección de Jesucristo son tales que nadie puede negarlas sin hacer el ridículo. Recordemos rápidamente tres de esas verdades, no solo para silenciar a los escépticos, sino —más importante aún— para fortalecer nuestra fe y posicionarnos mejor para disfrutar plenamente de las muchas bendiciones que la resurrección nos ha traído.

1. LA TUMBA VACÍA

El hecho de que la tumba de Jesucristo fue encontrada vacía está confirmado en los cuatro Evangelios del Nuevo Testamento. La consistencia entre estas múltiples fuentes hace que la resurrección sea innegable. Todos los que visitaron la tumba —comenzando con las mujeres que fueron a ungir el cuerpo de Cristo— confirmaron que encontraron la tumba vacía. Interesantemente, estas mismas personas habían sido testigos de los brutales eventos que condujeron a Su muerte y sepultura.

En cuanto a la certeza de Su muerte, la Escritura no deja lugar a dudas sobre las diversas medidas tomadas para confirmar que estaba verdaderamente muerto antes de iniciar el proceso de entierro. Por ejemplo, cuando el concilio judío solicitó que se bajaran los cuerpos de los crucificados —incluido Jesús— debido a la inminencia del día de reposo, las autoridades primero tuvieron que asegurarse de que todos estuvieran muertos.

Juan 19:31-34 relata:

"Entonces los judíos, por cuanto era la preparación de la pascua, a fin de que los cuerpos no quedasen en la cruz en el día de reposo… rogaron a Pilato que se les quebrasen las piernas, y fuesen quitados de allí. Vinieron, pues, los soldados, y quebraron las piernas al primero, y asimismo al otro que había sido crucificado con Él. Mas cuando llegaron a Jesús, como le vieron ya muerto, no le quebraron las piernas; pero uno de los soldados le abrió el costado con una lanza, y al instante salió sangre y agua."

Además, cuando José de Arimatea, quien había presenciado la muerte de Jesús, pidió permiso para enterrarlo, Pilato aún quiso verificar. Según Marcos 15:42-45:

"Cuando llegó la noche, porque era la preparación, esto es, la víspera del día de reposo, José de Arimatea… entró osadamente a Pilato, y pidió el cuerpo de Jesús. Pilato se sorprendió de que ya hubiese muerto; y haciendo venir al centurión, le preguntó si ya estaba muerto. E informado por el centurión, dio el cuerpo a José."

Esto derriba completamente la teoría del desmayo y otras invenciones infundadas.

Como se insinuó antes, algunas de las personas que presenciaron la muerte de Jesús también fueron testigos de Su sepultura. Lucas 23:55-56 dice:

"Y las mujeres que habían venido con Él desde Galilea siguieron también, y vieron el sepulcro, y cómo fue puesto Su cuerpo. Y vueltas, prepararon especias aromáticas y ungüentos; y descansaron el día de reposo, conforme al mandamiento."

Estas mujeres siguieron a José para saber exactamente en qué tumba se colocaría a Jesús. Esto era en preparación para embalsamar Su cuerpo después del sábado. En esencia, lo que esperaban encontrar el domingo por la mañana era un cadáver en las primeras etapas de descomposición. Pero lo que encontraron fue un milagro asombroso y transformador.

Mi oración por ti hoy es que aquellos que te conocieron antes y no esperaban nada bueno de ti, sean sorprendidos por un giro milagroso en tu vida, en el nombre de Jesús.

Para entender aún más la importancia de este milagro de la tumba vacía, debemos recordar los escrupulosos esfuerzos que hicieron las autoridades para proteger la tumba de cualquier intruso o "engañador", como lo llamaban los líderes religiosos temerosos.

Mateo 27:62-66 lo describe así:

"Al día siguiente, que es después de la preparación, se reunieron los principales sacerdotes y los fariseos ante Pilato, diciendo: Señor, nos acordamos que aquel engañador dijo, viviendo aún: 'Después de tres días resucitaré.' Manda, pues, que se asegure el sepulcro hasta el tercer día, no sea que vengan sus discípulos de noche y lo hurten, y digan al pueblo: 'Resucitó de entre los muertos.' Y será el postrer error peor que el primero. Y Pilato les dijo: 'Ahí tenéis una guardia; id, aseguradlo como sabéis.' Entonces ellos fueron y aseguraron el sepulcro, sellando la piedra y poniendo la guardia."

Lo que quiero que notes aquí es que los líderes religiosos solo pidieron vigilancia por tres días, conscientes de que Jesús había dicho que resucitaría al tercer día. Esto indica que estaban absolutamente seguros de que Él estaba muerto, y consideraban imposible que pudiera resucitar. Lo que les preocupaba era la posibilidad de que alguien accediera al cuerpo y fingiera la resurrección. Así que hicieron todo lo posible para que la tumba fuera inaccesible para cualquier ser humano.

Pero el Dios Todopoderoso los sorprendió de una forma que jamás pudieron imaginar:

"Y hubo un gran terremoto; porque un ángel del Señor descendió del cielo, y llegando, removió la piedra, y se sentó sobre ella. Su aspecto era como un relámpago, y su vestido blanco como la nieve. Y de miedo de él, los guardias temblaron y se quedaron como muertos." (Mateo 28:2–4)

¡Aleluya!
Una piedra removida, una fe recompensada

Permíteme recordarte que mientras las mujeres que eventualmente serían las primeras testigos de la resurrección aún estaban de camino al sepulcro, la enorme piedra que cubría la entrada era una preocupación principal para ellas. Seguían preguntándose:

"¿Quién nos quitará la piedra de la entrada del sepulcro?" (Marcos 16:3).

Pero ¿sabes qué? Eso no las detuvo. Siguieron adelante con su misión. Actuaron por fe, y el poder de resurrección del Dios Todopoderoso vino en su ayuda.

"Pero cuando miraron, vieron removida la piedra, que era muy grande." (Marcos 16:4).

¡Gloria a Dios!

Hoy te desafío: cualquiera que sea el sueño o propósito que Dios ha puesto en tu corazón, avanza hacia él con fe, sin importar los obstáculos visibles o previsibles.

Te aseguro que, cuando llegues allí, toda piedra de dificultad habrá sido removida, en el poderoso nombre de Jesús.

Declaro sobre tu vida que, por el poder de la resurrección, cualquier piedra que esté impidiendo el cumplimiento del plan y propósito de Dios para tu vida, el Señor la removerá y se sentará sobre ella, en el nombre poderoso de Jesús. Y caminarás directamente hacia el propósito y el programa que Dios ha trazado para ti, en el nombre de Jesús.

También declaro que el poder de Dios revertirá todo daño que el enemigo haya causado en tu vida y en tu hogar. Toda fortaleza de limitación y todo yugo que intenta retenerte es destruido hoy, en el nombre de Jesús.

Incluso los guardias confirmaron la tumba vacía

Hablando aún de la tumba vacía, es interesante notar que hasta las autoridades judías y los soldados romanos encargados de custodiar el cuerpo confirmaron esta verdad. Según Mateo 28:11-15:

"Mientras las mujeres iban, he aquí unos de la guardia fueron a la ciudad, y dieron aviso a los principales sacerdotes de todas las cosas que habían acontecido. Y reunidos con los ancianos, y habido consejo, dieron mucho dinero a los soldados, diciendo: Decid vosotros: 'Sus discípulos vinieron de noche, y lo hurtaron, estando nosotros dormidos.' Y si esto lo oyere el gobernador, nosotros le persuadiremos, y os pondremos a salvo. Y ellos, tomando el dinero, hicieron como se les había instruido. Este dicho se ha divulgado entre los judíos hasta el día de hoy."

Al sobornar a los soldados para difundir una historia falsa sobre el robo del cuerpo de Jesús, los líderes judíos confirmaron implícitamente que la tumba estaba, en efecto, vacía.

2. APARICIONES POSTERIORES A LA RESURRECCIÓN

Poco después de Su resurrección, Jesús se mostró personalmente a sus seguidores en diferentes ocasiones durante un período de 40 días. Y ¿sabes qué? Ninguno de los que lo vio volvió a ser el mismo.

Hechos 1:3 dice:

"Después de haber padecido, se presentó vivo con muchas pruebas indubitables, apareciéndoseles durante cuarenta días y hablándoles acerca del reino de Dios."

Quiero que observes algo aquí: la mayoría de las personas a las que el Cristo resucitado se apareció eran personas que uno no esperaría—desde mujeres, consideradas culturalmente como inadecuadas, hasta hombres que lo habían negado o dudado de Su divinidad.

Por supuesto, como el Maestro estratégico que es, Jesús no se apareció por exhibición, sino para cumplir propósitos específicos en la vida de cada uno. Y creo firmemente que Él hará aún más contigo. Así que no te des por descartado ni te veas como demasiado indigno para ser visitado e impactado por el Cristo resucitado. Si hoy lo invitas a tu vida y lo haces tu Salvador y Señor, Él hará algo maravilloso contigo.

Muchos no lo reconocieron al principio
Curiosamente, muchos de los que vieron al Cristo resucitado no lo reconocieron de inmediato, a pesar de haber estado con Él durante Su ministerio. Lo mismo sigue ocurriendo hoy: muchas personas asisten a reuniones de iglesia, están cerca de ministros, y aún así no logran ver a Dios.

Oro por ti hoy: que Dios se te revele en esta temporada,

y que toda venda que impide que veas a Jesús en tu vida y en tus circunstancias sea removida por el poder de Su resurrección.

Algunas apariciones del Cristo resucitado

- **María Magdalena**

María Magdalena fue la primera en ver a Jesús resucitado. Sí —la misma mujer de la que Jesús había echado siete demonios (Lucas 8:2). Según Juan 20:11-18, ella lo encontró fuera del sepulcro, y al principio lo confundió con el jardinero. Pero cuando Jesús la llamó por su nombre, ella lo reconoció.

Había algo especial en la forma en que el Señor decía "¡María!". Al oírlo, todas las tinieblas de tristeza y desesperación desaparecieron, y ella exclamó con gozo indescriptible:

"¡Raboni!" (que significa "Maestro"). (Juan 20:16)

Querido lector, ten la seguridad de que el Señor conoce tu nombre. Él te llamará y te hablará de manera tan personal que penetrará las profundidades de tu alma, disipando tus miedos y dudas. ¡Oro para que tengas ese mismo encuentro con Él como lo tuvo María Magdalena!

Un factor clave que permitió que María fuera la primera en ver al Salvador fue su persistencia. Según el Evangelio de Juan, cuando vio la tumba vacía, corrió a avisar a los discípulos. Esto hizo que Pedro y Juan corrieran al sepulcro. Pero ¿sabes qué? María también volvió con ellos, y aún después de que ellos se fueron, ella se quedó llorando.

Entonces, decidió mirar dentro del sepulcro una vez más, y fue entonces cuando vio dos ángeles. Poco después, vio al Señor resucitado.

¿Qué nos enseña esto?

Si buscas a Jesús con persistencia, Él se revelará a ti—ya sea para conocerle más (Filipenses 3:10), o para que intervenga en tu situación.

Dios ha prometido:

"Me buscaréis y me hallaréis, porque me buscaréis de todo vuestro corazón." (Jeremías 29:13)

- **Los discípulos en el camino a Emaús**

Dos discípulos iban camino a la aldea de Emaús cuando Jesús se les apareció. No lo reconocieron al principio. Hablaron con Él sobre los acontecimientos recientes, y solo lo reconocieron al partir el pan (Lucas 24:13–35).

¿Qué fue lo especial en ese partir el pan que les abrió los ojos?

Fue la manera inconfundible en la que el Salvador lo hizo. ¡No puedes tener un verdadero encuentro con Cristo y quedar igual!

La parte más dulce fue el testimonio que dieron los discípulos acerca de Sus palabras:

"¿No ardía nuestro corazón en nosotros mientras nos hablaba en el camino y cuando nos abría las Escrituras?" (Lucas 24:32)

Declaro que la palabra y el encuentro correctos que transformarán tu vida y tu destino serán depositados en tu espíritu hoy, por el poder del Cristo resucitado.

- **Los discípulos en el aposento alto**

Según Lucas 24:36-49 y Juan 20:19-23, Jesús apareció a Sus discípulos en una habitación cerrada en Jerusalén. Les mostró sus manos y pies, probando que no era un fantasma sino verdaderamente resucitado.

Como con todos los demás, su encuentro con Él los marcó profundamente.

Juan 20:20-22 dice:

"Y los discípulos se regocijaron viendo al Señor. Entonces Jesús les dijo otra vez: 'Paz a vosotros; como me envió el Padre, así también yo os envío.' Y habiendo dicho esto, sopló y les dijo: 'Recibid el Espíritu Santo.'"

Toda visitación del Señor trae una impartición inolvidable. Búscalo... y la recibirás.

- **Tomás**

¡Qué Salvador tan considerado y compasivo tenemos! Como revelan claramente las Escrituras, cuando el Cristo resucitado se apareció a los discípulos en el aposento alto, Tomás no estaba presente. Por tanto, siguió dudando de la resurrección.

Jesús, entonces, le concedió una visitación especial una semana después, y le invitó a tocar Sus heridas.

Como era de esperar, la experiencia transformó por completo a Tomás. Si la mujer con flujo de sangre fue sanada con solo tocar el borde del manto de Jesús, imagina el impacto de tocar las cicatrices mismas del Salvador.

Toda duda y incredulidad se desvanecieron, y Tomás exclamó:

"¡Señor mío y Dios mío!" (Juan 20:24–29)

A medida que tienes un encuentro con el Salvador en este mismo momento, toda fortaleza que resiste el mover de Dios en tu vida es derribada, en el nombre de Jesús.

- **Pedro y los demás discípulos**

Así como nuestro amoroso Salvador trató con Tomás conforme a su condición espiritual y emocional particular, también lo hizo con Pedro. De hecho, Su consideración especial por Pedro comenzó a manifestarse inmediatamente después de la resurrección. Sabiendo cuán devastado y avergonzado debía sentirse Pedro por haberlo negado repetidamente, el Cristo resucitado le envió un mensaje especial por medio del ángel en la tumba:

"No se asusten —les dijo—. Ustedes buscan a Jesús el nazareno, el que fue crucificado. ¡Ha resucitado! No está aquí. Miren el lugar donde lo pusieron. Pero vayan, díganles a sus discípulos y a Pedro: 'Él va delante de ustedes a Galilea. Allí lo verán, tal como les dijo.'" (Marcos 16:6–7)

Jesús mencionó específicamente a Pedro por nombre, para reafirmarle Su amor inquebrantable y Su perdón. Sin embargo, a pesar del mensaje, Pedro seguía sintiéndose abatido y poco digno de seguir como discípulo. Pensó que era el fin del camino para él y para todas las promesas maravillosas que Cristo había hecho sobre su destino. Tan desanimado estaba que les dijo a los otros discípulos que regresaría a su antiguo oficio. Pero justo a tiempo, el Cristo resucitado se le apareció para restaurarlo y reavivar su pasión por Dios (ver Juan 21:1–19).

Interesantemente, como en otras apariciones post-resurrección, este encuentro también vino cargado de bendiciones para los discípulos:

"Después de esto, Jesús se manifestó otra vez a los discípulos junto al mar de Tiberias. Sucedió de esta manera: estaban juntos Simón Pedro, Tomás llamado el Dídimo, Natanael de Caná de Galilea, los hijos de Zebedeo, y otros dos discípulos. Simón Pedro les dijo: 'Voy a pescar.' Ellos le dijeron: 'Vamos nosotros también contigo.' Fueron, y entraron en la barca; pero aquella noche no pescaron nada. Cuando ya amanecía, Jesús se presentó en la orilla; pero los discípulos no sabían que era Jesús. Y les dijo: 'Hijitos, ¿tenéis algo de comer?' Le respondieron: 'No.' Él les dijo: 'Echad la red a la derecha de la barca, y hallaréis.' Entonces la echaron, y ya no la podían sacar, por la gran cantidad de peces. Entonces aquel discípulo a quien Jesús amaba dijo a Pedro: '¡Es el Señor!'" (Juan 21:1–7)

¿Viste lo que pasó? ¿Cómo les hizo el Señor darse cuenta de Su identidad? Convirtiendo instantáneamente su fracaso en éxito.

¿Recuerdas lo que dijimos antes? Toda visitación del Señor trae una impartición inolvidable a tu vida.

Declaro ahora mismo que tendrás un encuentro con el Salvador resucitado que convertirá todos tus fracasos, decepciones y miserias en avances y testimonios, en el nombre de Jesús.

- **La Ascensión**

La última aparición de Jesús registrada en la Biblia es Su ascensión al cielo. Cuarenta días después de Su resurrección, Jesús condujo a Sus discípulos al Monte de los Olivos. Y como en otras ocasiones, aseguró bendecir sus vidas antes de ascender al cielo delante de ellos (Lucas 24:50–53; Hechos 1:6–11).

En total, el apóstol Pablo menciona específicamente que el Cristo resucitado se apareció a más de 500 personas, incluyendo a algunos que ni siquiera eran Sus seguidores. Entre ellos estaban Jacobo (Su hermano) y ¡el mismo Pablo!

Según Pablo:

"Porque primeramente os he enseñado lo que asimismo recibí: Que Cristo murió por nuestros pecados, conforme a las Escrituras; y que fue sepultado, y que resucitó al tercer día, conforme a las Escrituras; y que apareció a Cefas, y después a los doce. Después apareció a más de quinientos hermanos a la vez, de los cuales muchos viven aún, y otros ya duermen. Después apareció a Jacobo; después a todos los apóstoles; y al último de todos, como a un abortivo, me apareció a mí. Porque yo soy el más pequeño de los apóstoles, que no soy digno de ser llamado apóstol, porque perseguí a la iglesia de Dios." (1 Corintios 15:3–9)

Nos detendremos más adelante en la experiencia de Pablo.

- **La transformación de los discípulos**

Esto, quizás, es la prueba más irrefutable de la resurrección: el cambio en el carácter, el valor y la convicción de los discípulos y de todos los que afirman haber tenido un encuentro con el Cristo resucitado. ¡Fue un cambio tan radical que no puede explicarse de ninguna otra manera sino por el hecho de que vieron y experimentaron algo inolvidable e incuestionable!

Comencemos con los discípulos. Lo que hizo su transformación tan maravillosa y sobrenatural fue que ni siquiera ellos esperaban realmente que la resurrección ocurriera. Eso explica por qué quedaron tan abatidos tras la muerte de Jesús.

Cuando las mujeres, aún tristes, fueron al sepulcro y no encontraron Su cuerpo, jamás se imaginaron que había resucitado. Fue cuando los ángeles les dijeron:

"No está aquí; ha resucitado. Acordaos de lo que os habló, cuando aún estaba en Galilea, diciendo: 'Es necesario que el Hijo del Hombre

sea entregado en manos de hombres pecadores, y que sea crucificado, y resucite al tercer día.' Entonces ellas se acordaron de sus palabras." (Lucas 24:6–8)

Y cuando estas mujeres corrieron a anunciar la buena noticia a los discípulos, quienes estaban escondidos por miedo y desesperación, la Biblia dice:

"Mas a ellos les parecían locura las palabras de ellas, y no las creían." (Lucas 24:11)

Ahora avanza al libro bíblico que narra tantas hazañas misioneras realizadas por esos mismos discípulos que fue titulado Hechos de los Apóstoles, y dime qué ocurrió entre medias. ¡Fue el impacto del Cristo resucitado que vieron!

Como escribió J.C. Ryle, primer obispo anglicano de Liverpool:

"La incredulidad de los apóstoles es una de las evidencias indirectas más fuertes de que Jesús resucitó. Si al principio fueron tan lentos para creer en la resurrección del Señor, y al final estuvieron tan completamente convencidos de su veracidad que la predicaron por todas partes—entonces Cristo debió haber resucitado de verdad."

Que los discípulos predicaron con frecuencia y valentía sobre la resurrección no deja lugar a dudas, y Pedro es un gran ejemplo. Como vimos antes, no solo abandonó a Jesús por miedo, sino que perdió totalmente su fervor espiritual tras Su muerte.

Pero tras los encuentros post-resurrección, Pedro se volvió una persona completamente diferente, sin temores ni dudas. En el día de Pentecostés, mientras la multitud los observaba y se burlaba de ellos por hablar en lenguas, fue Pedro quien se levantó con valentía para declarar:

"Varones israelitas, oíd estas palabras: Jesús nazareno, varón aprobado por Dios entre vosotros con las maravillas, prodigios y señales que Dios hizo entre vosotros por medio de Él, como vosotros mismos sabéis; a éste, entregado por el determinado consejo y anticipado conocimiento de Dios, prendisteis y matasteis por manos de inicuos, crucificándole; al cual Dios levantó, sueltos los dolores de la muerte, por cuanto era imposible que fuese retenido por ella." (Hechos 2:22–24)

¿Cómo fue que un hombre que negó conocer a Jesús ante una simple criada se convirtió en el defensor más firme y valiente de Su ministerio, muerte y resurrección? ¡Tú ya conoces la respuesta!

Y adivina qué más: esa misma valentía inquebrantable e imparable se manifestó en los demás discípulos y creyentes en Cristo durante toda su vida. De hecho, la mayoría de ellos eligió ser golpeado, apedreado, ahogado, colgado o decapitado, mientras se aferraban a su fe y a su testimonio de la resurrección.

Alguien lo expresó así:

"Los apóstoles pasaron por un cambio dramático. En cuestión de semanas, estaban cara a cara con aquellos que habían crucificado a su líder. Su espíritu era de hierro. Se volvieron imparables en su determinación de sacrificarlo todo por Aquel a quien llamaban Salvador y Señor. Incluso después de ser encarcelados, amenazados y prohibidos de hablar en el nombre de Jesús, los apóstoles dijeron a los líderes judíos:

'Es necesario obedecer a Dios antes que a los hombres.'" (Hechos 5:29)

Las pruebas irrefutables de la resurrección de Jesús proporcionan un mensaje de esperanza, valentía y propósito para todos los cristianos. Nos recuerdan que Dios está con nosotros, y que Sus promesas son verdaderas y dignas de confianza.

Nos inspiran a vivir con una fe inconquistable, con esperanza y plena seguridad, sabiendo que somos hijos del Cristo resucitado y reinante.

3
LA CRUCIFIXIÓN: EL COMIENZO DE LAS BENDICIONES DE LA RESURRECCIÓN

"Por Su muerte en la cruz, Cristo se ha convertido en el Cordero que fue inmolado por nosotros, nuestro Redentor, Aquel que ha hecho la paz entre nosotros y Dios, que ha tomado nuestra culpa sobre Sí mismo, que ha vencido a nuestro enemigo más letal y ha apaciguado la merecida ira de Dios."

– MARK DEVER

Tan abundantes y multidimensionales son las bendiciones que llegaron con la resurrección, y pronto entraremos en ellas. Sin embargo, no podemos comprender plenamente lo que ocurrió en la resurrección de Cristo sin retroceder primero a Su crucifixión y muerte. No solo porque no puede haber resurrección sin muerte, sino —más aún— porque, en el caso de Cristo, las bendiciones de la resurrección son la culminación de las bendiciones que comenzaron con la crucifixión.

En pocas palabras, para entender y disfrutar plenamente las bendiciones que trajo la resurrección, debemos comenzar con las maravillas que llegaron con la cruz.

Aparentemente, fue la ignorancia de esta verdad lo que hizo que los discípulos de Jesucristo quedaran tan destrozados por Su muerte. Según su entendimiento y experiencia, la muerte era un enemigo aterrador que implicaba el fin de la vida y la extinción de toda esperanza. Amaban tener a Jesús físicamente presente, pero no entendían que Él no había venido para vivir, sino para morir, a fin de que toda la raza humana pudiera vivir de nuevo.

De hecho, Jesús ya les había insinuado esto antes de Su crucifixión, cuando dijo:

"De cierto, de cierto os digo, que si el grano de trigo no cae en la tierra y muere, queda solo; pero si muere, lleva mucho fruto." (Juan 12:24)

Con esto en mente, se entiende mejor por qué fue tan directo con los dos discípulos en el camino a Emaús, quienes lamentaban Su muerte. Con tono de corrección les dijo:

"¡Qué torpes son ustedes, y qué tardos de corazón para creer todo lo que han dicho los profetas! ¿No era necesario que el Cristo padeciera estas cosas antes de entrar en Su gloria?" (Lucas 24:25–26)

UNA NECESIDAD DOLOROSA

Jesús dejó claro a Sus discípulos que Su muerte no fue una calamidad, sino una necesidad. Y en este capítulo veremos las razones detrás de esa necesidad. Pero ten presente que el hecho de que Jesús hablara con tanta claridad sobre Su sufrimiento y muerte no significa que fue algo fácil o placentero para Él. Al contrario, fue la experiencia más dolorosa y humillante que podamos imaginar.

Los antiguos romanos reservaban la muerte por crucifixión para los considerados peores criminales, como castigo que combinaba tortura extrema y humillación pública. Como lo explica Greg Gilbert:

"Carne desgarrada contra madera implacable, clavos de hierro atravesando huesos y nervios destrozados, articulaciones dislocadas por el peso muerto del cuerpo, humillación pública ante los ojos de la familia, amigos y del mundo — eso era la muerte en la cruz."

De hecho, tan horrible era esta forma de ejecución que incluso pensar en ella hizo que Jesús deseara evitarla. Pero Su amor por la humanidad y Su sumisión a la voluntad divina lo llevaron a atravesarla. He aquí cómo lo relata

Mateo 26:36–39:

"Entonces Jesús fue con ellos a un lugar llamado Getsemaní, y les dijo: 'Siéntense aquí mientras voy más allá a orar.' Se llevó a Pedro y a los dos hijos de Zebedeo, y comenzó a entristecerse y angustiarse profundamente. Entonces les dijo: 'Mi alma está muy triste, hasta la muerte. Quedaos aquí y velad conmigo.' Yendo un poco más allá, se postró sobre su rostro, orando y diciendo: 'Padre mío, si es posible, pase de mí esta copa; pero no sea como yo quiero, sino como tú.'"

¿Por qué tanta angustia?

Comprenderás mejor por qué Jesús se sentía tan afligido cuando consideras la magnitud del sufrimiento físico y psicológico que tendría que soportar al morir en la cruz.

El predicador ya fallecido Frederick Farrar ofreció esta poderosa descripción:

"Una muerte por crucifixión parece incluir todo lo que el dolor y la muerte pueden tener de horrible y espantoso: mareos, calambres, sed, hambre, insomnio, fiebre traumática, vergüenza, publicidad del dolor, tormento continuo, horror anticipado, infección de heridas deliberadas… todo intensificado justo hasta el punto donde todavía se puede soportar, pero sin alcanzar el alivio de la inconsciencia.
La posición antinatural hacía que todo movimiento fuese doloroso; las venas laceradas y los tendones aplastados latían con angustia constante; las heridas, expuestas al aire, se infectaban lentamente; las

arterias —especialmente en la cabeza y el estómago— se inflamaban y cargaban de sangre; y mientras cada tipo de miseria aumentaba progresivamente, se añadía el dolor intolerable de una sed ardiente, y todas estas complicaciones físicas provocaban una excitación y ansiedad internas tan intensas que hacían que la perspectiva de la muerte —de la muerte, ese enemigo desconocido que suele causar escalofríos— pareciera una liberación dulce y exquisita."

¡Qué experiencia tan desgarradora!

Mi oración ferviente es que el sufrimiento y la muerte de Cristo no sean en vano en tu vida. Que Su sacrificio traiga redención, sanidad, restauración y victoria sobre todo lo que te ha atado. Que Su cruz marque el comienzo de tus bendiciones de resurrección, en el nombre poderoso de Jesús.

REDENTOR PROMETIDO

Entonces, la pregunta vuelve a surgir: ¿por qué Cristo tuvo que soportar un horror tan terrible, diseñado para infligir el máximo dolor y vergüenza? La respuesta se encuentra en la caída del hombre en el Edén y la provisión inmediata que Dios hizo para la redención de la humanidad. En Génesis 3:15, Dios le dijo al diablo —representado por la serpiente—:

"Y pondré enemistad entre tú y la mujer, y entre tu simiente y la

simiente suya; esta te herirá en la cabeza, y tú le herirás en el calcañar."

En el contexto de la guerra, herir el talón representa un golpe menor y temporal, mientras que herir la cabeza representa una derrota fatal y definitiva. En este pasaje, la cabeza de la serpiente representa su fuerza y el depósito de su veneno mortal. Por tanto, el aplastamiento de su cabeza simboliza una derrota irreversible.

La "simiente" de la mujer en este pasaje es una profecía sobre Jesús, quien soportaría heridas infligidas por la simiente de la serpiente, para poder lograr la victoria total sobre el diablo y liberar a la humanidad. Como dice 1 Juan 3:8:

"Para esto apareció el Hijo de Dios: para deshacer las obras del diablo."

Seguramente ya sabes cómo la humanidad cayó en cautiverio por desobedecer a Dios. Pero más allá de la caída están las implicaciones graves y duraderas. Desde ese acto de desobediencia, el hombre quedó espiritualmente separado de Dios y bajo el dominio cruel del diablo. Como resultado, la humanidad se volvió esclava no solo del pecado, sino también de aflicciones, opresiones, enfermedades, crisis y toda forma de infortunio imaginable.

Por eso Jesús dijo:

"El ladrón no viene sino para hurtar, matar y destruir; yo he venido para que tengan vida, y para que la tengan en abundancia." (Juan 10:10)

Básicamente, Cristo vino a sufrir y morir para que nosotros recuperemos la vida sin limitaciones. Como lo explicó acertadamente John Piper:

"Dios no está dispuesto a dejar a toda la humanidad bajo Su ira. Pero tampoco puede simplemente barrer el pecado bajo la alfombra del universo. Por tanto, Su amor y Su justicia conspiran para abrir un camino para que los pecadores sean salvos y Su justicia sea vindicada. La respuesta es la muerte de Jesucristo."

El profeta Isaías ofreció una imagen gráfica del alcance de la redención que Jesús logró para nosotros:

"Despreciado y desechado entre los hombres,
varón de dolores, experimentado en quebranto;
y como que escondimos de él el rostro, fue menospreciado,
y no lo estimamos.
Ciertamente llevó él nuestras enfermedades,
y sufrió nuestros dolores…
Mas él herido fue por nuestras rebeliones,
molido por nuestros pecados;
el castigo de nuestra paz fue sobre él,
y por su llaga fuimos nosotros curados.
Todos nosotros nos descarriamos como ovejas,
cada cual se apartó por su camino;

mas Jehová cargó en él el pecado de todos nosotros.
Angustiado él, y afligido, no abrió su boca;
como cordero fue llevado al matadero;
y como oveja delante de sus trasquiladores, enmudeció,
y no abrió su boca." (Isaías 53:3–7)

¿PERO POR QUÉ JESUCRISTO?

Esta es una parte de este gran misterio de la redención que quizás aún ronda en tu mente:

¿Por qué Dios tuvo que enviar a "Su Hijo unigénito" (Juan 3:16) para morir por la humanidad?

¿Por qué no pudo hacerlo otro ser humano?

Aquí está la respuesta: Ningún ser humano podía hacerlo, porque toda la humanidad estaba bajo el cautiverio y la maldición del pecado.

"Por cuanto todos pecaron y están destituidos de la gloria de Dios." (Romanos 3:23)

Recuerda que Dios había advertido claramente al primer hombre, Adán:

"Puedes comer libremente de todo árbol del huerto; pero del árbol del conocimiento del bien y del mal no comerás, porque el día que de él comas, ciertamente morirás." (Génesis 2:16–17)

Era como si Dios estuviera dando al hombre la opción de obedecer y vivir eternamente, o desobedecer y morir eternamente.

Bueno, como el hombre eligió desobedecer, la muerte —representando la pérdida de la naturaleza divina y otros privilegios— fue el resultado natural, afectando no solo a él sino también a toda su descendencia.

Esto impuso una limitación universal y dejó a todo ser humano incapaz de rescatarse a sí mismo, mucho menos al resto de la humanidad. Como dice Romanos 5:12–14 (NTV):

"Cuando Adán pecó, el pecado entró en el mundo.
El pecado de Adán introdujo la muerte,
de modo que la muerte se propagó a todos,
porque todos pecaron.
Sí... todos murieron —desde el tiempo de Adán hasta el de Moisés—,
incluso los que no desobedecieron un mandato específico de Dios como lo hizo Adán."

Entonces, si el hombre debía ser redimido y restaurado, debía pagarse un precio perfecto por el pecado, para que el Dios santo y justo quedara satisfecho, y la maldición del pecado fuera eliminada. Pero ¿qué hombre estaba calificado para pagar tal precio, si todos estaban en la misma condición de pecado e impotencia?

Aquí es donde entra el Hijo sin pecado de Dios: Jesucristo.

El teólogo del siglo XI, Anselmo de Canterbury, arrojó luz sobre esto:

"No habría sido correcto dejar sin restauración a la naturaleza humana, y no podía lograrse a menos que el hombre pagara lo que debía a Dios por el pecado.
Pero la deuda era tan grande que, aunque solo el hombre debía pagarla, solo Dios podía pagarla, de modo que la misma persona debía ser Dios y hombre a la vez."

También lo expresó J.C. Ryle:

"La muerte de Cristo fue necesaria para nuestra salvación.
Sin la muerte de Cristo, la ley de Dios nunca podría haber sido satisfecha,
el pecado nunca podría haber sido perdonado,
el hombre nunca podría haber sido justificado ante Dios,
y Dios nunca podría haber mostrado misericordia al hombre."

En esencia, Jesús tuvo que venir y morir porque Dios, en Su santidad infinita y justicia absoluta, requería una penalidad proporcional al pecado del hombre. Pero en Su compasión y amor infinitos, Dios mismo proveyó el sacrificio perfecto que el hombre era demasiado débil e indigno para ofrecer.

¡Qué Dios tan maravilloso servimos!

4
LAS MARAVILLAS DE LA MUERTE DE CRISTO

> *"Ven y contempla las victorias de la cruz.*
> *Las heridas de Cristo son tus sanidades,*
> *Sus agonías tu reposo,*
> *Sus conflictos tus conquistas,*
> *Sus gemidos tus canciones,*
> *Sus dolores tu alivio,*
> *Su vergüenza tu gloria,*
> *Su muerte tu vida,*
> *Sus sufrimientos tu salvación."*
> – MATTHEW HENRY

Ahora que comprendemos lo que condujo a la muerte de Cristo antes de Su gloriosa resurrección, la siguiente pregunta es:

¿Qué bendiciones específicas fueron liberadas para nosotros a través de tan cruel sufrimiento y muerte?

1. EXPIACIÓN Y REMOCIÓN DEL PECADO

Allí mismo en la cruz, todos nuestros pecados fueron transferidos a Jesucristo. Él tomó nuestro lugar como el que había ofendido a Dios, mientras que Su justicia fue transferida a nosotros.

Como dice 2 Corintios 5:21:

"Al que no conoció pecado, por nosotros lo hizo pecado, para que nosotros fuésemos hechos justicia de Dios en él."

En otras palabras, la muerte de Cristo satisfizo las exigencias de la justicia divina y saldó totalmente nuestra inmensa deuda de pecado con Dios. Por tanto, cualquiera que se acerque hoy a Dios en arrepentimiento —no importa cuán grande o monstruosa sea su carga de pecado— Cristo ya pagó por todo; y Dios, por el sacrificio de Cristo, lo perdonará y le transferirá Su justicia.

Esto es a lo que Isaías se refería cuando dijo:

"Mas Jehová cargó en él el pecado de todos nosotros."

Para entender mejor cómo Jesús llevó los pecados de la humanidad, recuerda el macho cabrío utilizado el Día de la Expiación en el Antiguo Testamento:

"Cuando haya acabado de hacer expiación por el lugar santísimo, por el tabernáculo de reunión y por el altar, hará traer el macho cabrío vivo; y pondrá Aarón sus dos manos sobre la cabeza del macho cabrío vivo, y confesará sobre él todas las iniquidades de los hijos de

Israel… y las pondrá sobre la cabeza del macho cabrío, y lo enviará al desierto por mano de un hombre designado; y aquel macho cabrío llevará sobre sí todas las iniquidades de ellos a tierra inhabitada."
(Levítico 16:20–22)

Al aceptar voluntariamente cargar sobre Sí mismo toda la iniquidad de la humanidad, Jesús también llevó el castigo que conlleva el pecado, apaciguando así la ira de Dios. Él absorbió la ira de Dios sobre toda la humanidad en Su propia persona. Por eso tuvo que soportar tanta agonía y vergüenza. Como ya vimos, el costo del pecado es grave y mortal.

Sin embargo, la razón por la que hoy podemos confesar nuestros pecados y recibir perdón instantáneo es porque Cristo ya pagó la pena en nuestro lugar.

2. RECONCILIACIÓN CON DIOS

Una de las maravillas más grandes de la cruz es que fuimos reconciliados con Dios y restaurados a nuestro lugar como Su creación especial.

1 Pedro 2:9–10 dice:

"Mas vosotros sois linaje escogido, real sacerdocio, nación santa, pueblo adquirido por Dios, para que anunciéis las virtudes de aquel que os llamó de las tinieblas a su luz admirable.

Vosotros que en otro tiempo no erais pueblo, pero que ahora sois pueblo de Dios; que en otro tiempo no habíais alcanzado misericordia, pero ahora habéis alcanzado misericordia."

¿Cómo fue esto posible?

1 Timoteo 2:5–6 lo explica:

"Porque hay un solo Dios, y un solo mediador entre Dios y los hombres, Jesucristo hombre, el cual se dio a sí mismo en rescate por todos…"

Mediante Su muerte en la cruz, Jesús se convirtió en el rescate y el pacificador entre Dios y el hombre. Así, cuando venimos a Dios con arrepentimiento y apropiamos la muerte de Cristo, somos justificados ante Dios como si nunca hubiéramos pecado. Nos convertimos en una nueva creación.

2 Corintios 5:17–19 dice:

"De modo que si alguno está en Cristo, nueva criatura es; las cosas viejas pasaron; he aquí todas son hechas nuevas.
Y todo esto proviene de Dios, quien nos reconcilió consigo mismo por Cristo, y nos dio el ministerio de la reconciliación: que Dios estaba en Cristo reconciliando consigo al mundo, no tomándoles en cuenta a los hombres sus pecados…"

Con esta reconciliación, recibimos la vida de Dios en nosotros y obtenemos acceso inmediato a las riquezas de Su Reino.

3. PODER PARA VIVIR EN JUSTICIA

Antes de que Cristo viniera a ofrecerse a Sí mismo en la cruz, existían medidas temporales para expiar el pecado. Vimos el ejemplo del macho cabrío. También estaban los holocaustos y la sangre de corderos, toros y machos cabríos.

Sin embargo, estas provisiones tenían limitaciones. Aunque la sangre de los animales ayudaba a obtener misericordia, no podía liberar a la persona del poder del pecado. Ni siquiera los sacerdotes que facilitaban los sacrificios podían vivir en plena obediencia. Era una lucha constante contra el pecado.

¡Pero gloria a Dios! Jesús ofreció Su propia sangre para la expiación y la ruptura del yugo del pecado, de una vez y para siempre. Ahora, la justicia se ha convertido en un estilo de vida, y no en una carga pesada. ¡Aleluya!

Hebreos 10:4–14 lo confirma:

"Porque la sangre de los toros y de los machos cabríos no puede quitar los pecados.
Por lo cual, entrando en el mundo dice:
'Sacrificio y ofrenda no quisiste;
Mas me preparaste cuerpo…

Entonces dije: He aquí que vengo, oh Dios, para hacer tu voluntad…' Ciertamente todo sacerdote está día tras día ministrando y ofreciendo muchas veces los mismos sacrificios, que nunca pueden quitar los pecados; pero Cristo, habiendo ofrecido una vez para siempre un solo sacrificio por los pecados, se ha sentado a la diestra de Dios…Porque con una sola ofrenda hizo perfectos para siempre a los santificados."
¿Ves por qué Jesús tuvo que morir?

Su preciosa sangre necesitaba ser derramada para que tú y yo pudiésemos ser santificados y empoderados para vivir en justicia todos los días de nuestra vida.

Esto significa que no existe hábito pecaminoso o adicción que no puedas superar por medio de la sangre purificadora de Jesús.

"Porque el pecado no se enseñoreará de vosotros; pues no estáis bajo la ley, sino bajo la gracia." (Romanos 6:14)

¡Alabado sea Dios!

4. SANIDAD Y LIBERACIÓN

Otra gloriosa bendición de la cruz es que Cristo obtuvo sanidad y liberación para la humanidad. Dicho de manera sencilla:

El cuerpo de Jesús fue lacerado para que tu cuerpo sea restaurado.

Cada célula, tejido y órgano puede funcionar de forma óptima y estar fortalecido contra enfermedades.

Una vez más, Isaías 53:5 dice:

"Mas él herido fue por nuestras rebeliones,
molido por nuestros pecados;
el castigo de nuestra paz fue sobre él,
y por su llaga fuimos nosotros curados." (RVR1960)

Ten en cuenta que la sanidad obtenida por Cristo es integral. No solo es efectiva contra enfermedades del cuerpo, sino también contra dolencias del alma y del espíritu.

La Organización Mundial de la Salud define la salud como "un estado de completo bienestar físico, mental y social, y no solamente la ausencia de afecciones o enfermedades."

Eso —y más— es lo que la sangre de Jesús ha conseguido para nosotros.

Como prueba, Mateo 8:16–17 relata:

"Y cuando llegó la noche, trajeron a él muchos endemoniados;
y con la palabra echó fuera a los demonios, y sanó a todos los enfermos;
para que se cumpliese lo dicho por el profeta Isaías, cuando dijo:
'Él mismo tomó nuestras enfermedades, y llevó nuestras dolencias.'"

El hecho de que Jesús sanó tanto a enfermos como a

oprimidos por demonios muestra que la provisión de sanidad por medio de Su muerte es total.

Especialmente en estos tiempos donde las crisis de salud mental aumentan, hay esperanza y consuelo garantizado en las llagas y la sangre de Jesús.

De hecho, la sangre de Cristo es la mayor inmunidad y la cura más poderosa para cualquier enfermedad que puedas imaginar.

Sumérgete cada día en el poder de esa sangre, y no tendrás por qué temer:

*"El terror nocturno,
ni saeta que vuele de día,
ni pestilencia que ande en oscuridad,
ni mortandad que en medio del día destruya." (Salmo 91:5–6)*

5. DOMINIO Y PROVISIÓN INTEGRAL

La muerte de Cristo pagó el precio para que fuésemos restaurados al lugar de poder y dominio para el cual fuimos creados desde el principio. En este lugar privilegiado, no hay temor, debilidad, fracaso ni limitación. Es vida y vida en abundancia (Juan 10:10).

Además, este lugar de exaltación ofrece inmunidad contra toda maldición, ya sea personal o generacional, como declara la Escritura:

"Cristo nos redimió de la maldición de la ley, hecho por nosotros maldición (porque está escrito: Maldito todo el que es colgado en un madero), para que en Cristo Jesús la bendición de Abraham alcanzase a los gentiles, a fin de que por la fe recibiésemos la promesa del Espíritu." (Gálatas 3:13-14)

Pero lo más importante es que la muerte de Cristo en la cruz es la demostración más poderosa de la profundidad del amor de Dios hacia la humanidad, y de hasta dónde está dispuesto a llegar para asegurarse de que tengamos todo lo necesario para disfrutar esta vida y vivir eternamente con Él.

Como lo revela Romanos 8:32:

"El que no escatimó ni a su propio Hijo, sino que lo entregó por todos nosotros, ¿cómo no nos dará también con Él todas las cosas?"

Por tanto, a través de la muerte sacrificial de Jesucristo, tienes derecho a las mejores provisiones del Reino de Dios.

¿Y sabes qué más? ¡Esto incluye incluso la prosperidad financiera!

"Porque ya conocéis la gracia de nuestro Señor Jesucristo, que por amor a vosotros se hizo pobre, siendo rico, para que vosotros con su pobreza fueseis enriquecidos." (2 Corintios 8:9)

¡Se acabaron las luchas financieras en tu vida, en el nombre de Jesús!

ANTICIPOS DEL PODER DE LA RESURRECCIÓN

Ahora que hemos profundizado en el propósito y las maravillas de la muerte de Cristo, es válido preguntarse:

¿Qué sucedió entre el momento de Su muerte y Su resurrección?

¿Estaba simplemente el Gran Redentor allí — frío, inerte, y comenzando las etapas tempranas de descomposición como cualquier otro ser humano? La ciencia nos dice que los órganos internos de un cuerpo muerto comienzan a descomponerse entre las 24 y 72 horas después del fallecimiento. ¿Fue el Mesías sometido también a esa degradación?

Definitivamente no. El Salmo 16:10 dice:

"Porque no dejarás mi alma en el Seol, ni permitirás que tu Santo vea corrupción." (NTV)

Aun en la muerte, el Mesías imparable continuó Su misión de perfeccionar la liberación de la humanidad. Recuerda que antes de morir, ya había predicho que Su caso sería como el de Jonás en el vientre del gran pez (Mateo 12:40).

¿Y estaba Jonás simplemente acostado inerte dentro del pez? ¡Para nada! La Escritura dice:

"Pero Jehová tenía preparado un gran pez que tragase a Jonás; y estuvo Jonás en el vientre del pez tres días y tres noches. Entonces oró Jonás a Jehová su Dios desde el vientre del pez..." (Jonás 1:17 – 2:1)

Ahora que tienes una idea más clara, veamos de cerca los eventos que ocurrieron en ese intervalo crítico entre la muerte y la resurrección.

Manifestaciones gloriosas

Tan gloriosa y victoriosa fue la muerte de Cristo, que el centurión al pie de la cruz, junto con otros soldados, exclamaron:

"¡Verdaderamente este era Hijo de Dios!" (Mateo 27:54)

¿Qué provocó esta reacción? Los versículos anteriores nos dicen:

"Y he aquí, el velo del templo se rasgó en dos, de arriba abajo; y la tierra tembló; y las rocas se partieron; y se abrieron los sepulcros, y muchos cuerpos de santos que habían dormido, se levantaron..." (Mateo 27:51–52)
¡Aleluya!

Entiende que estos acontecimientos no fueron meras coincidencias o efectos especiales. Fueron demostraciones reales y anticipos de las bendiciones que tenemos a través de la muerte y resurrección de Cristo.

1. El velo rasgado

El rasgamiento del velo simboliza el acceso abierto a Dios. Antes del sacrificio de Cristo, el templo tenía un velo que separaba el Lugar Santísimo —donde habitaba la presencia de Dios— del resto del templo.

Ese velo representaba la separación entre Dios y el hombre.

Nadie podía entrar, ni siquiera mirar hacia ese lugar. Solo el sumo sacerdote podía entrar una vez al año, y debía hacerlo con sangre de expiación, la cual rociaba sobre y delante del propiciatorio siete veces (Levítico 16:14).

Sin embargo, cuando Jesús completó Su sacrificio en la cruz, hizo posible lo que antes era imposible.

El velo fue rasgado de arriba abajo, representando la obra completa de Dios, no del hombre.

Ahora, tenemos libertad para:

"Acercarnos confiadamente al trono de la gracia,

para alcanzar misericordia y hallar gracia para el oportuno socorro." (Hebreos 4:16)

Declaro sobre tu vida que, a partir de hoy, toda imposibilidad se volverá posibilidad.

Y todo velo que te impedía disfrutar la plenitud de la gloria de Dios será completamente destruido, en el nombre de Jesús.

2. El terremoto

El segundo evento fue que "la tierra tembló". Esto simboliza el impacto sísmico que la muerte y resurrección de Cristo tendría sobre el mundo y sobre toda la creación.

Representa el inicio de una nueva era, un nuevo orden en la adoración, la vida espiritual y la historia de la humanidad.

Curiosamente, años más tarde, cuando los apóstoles proclamaban con poder el mensaje de la resurrección, el pueblo testificó diciendo:

"¡Estos que trastornan el mundo entero también han venido acá!" (Hechos 17:6, RVR1960)

Oro por ti, que por el poder del Cristo resucitado en ti, seas la próxima persona en provocar una transformación positiva en tu mundo.

3. Las rocas se partieron

El tercer evento fue que "las rocas se partieron". Aun antes de Su resurrección, el poder del Cristo imparable ya estaba mostrando que el mundo estaba por presenciar el momento más histórico de su existencia.

Las rocas representan fortalezas aparentemente inamovibles y obstáculos de larga duración.

Pero con Su muerte, el Señor Jesús las desechó y destruyó, demostrando que ninguna montaña, crisis, dificultad o dilema es demasiado grande para quien lleva el poder del Cristo resucitado.

Declaro que tu destino empezará a experimentar un cambio sin precedentes a partir de este momento.

Todo desafío persistente, toda dificultad, toda limitación, maldición o enfermedad es arrancada de tu vida, en el nombre poderoso de Jesús.

4. Las tumbas se abrieron

El cuarto evento fue que las tumbas que habían retenido los cuerpos de muchos santos fallecidos se abrieron, en preparación para su resurrección física, la cual ocurrió poco después de que el Señor mismo resucitó.

"Y saliendo de los sepulcros, después de la resurrección de Él, vinieron a la santa ciudad, y se aparecieron a muchos." (Mateo 27:53)

Esto confirma claramente que el propósito de la muerte de Cristo fue para que tú y yo tengamos vida.

¡Yo hablo vida sobre ti hoy, en el nombre de Jesús!

Declaro que toda fuerza o poder que te ha mantenido atado o confinado durante años se rompe hoy, ¡en el poderoso nombre de Jesús!

5
LA RESURRECCIÓN COMO PIEDRA ANGULAR DE NUESTRA FE

"La resurrección es el eje sobre el cual gira todo el cristianismo, y sin ella ninguna de las demás verdades tendría mucho valor. Sin la resurrección, el cristianismo sería solo un deseo ilusorio, al nivel de cualquier otra filosofía humana o especulación religiosa."

– JOHN MACARTHUR

Como vimos anteriormente, los discípulos que antes estaban abatidos y sin esperanza fueron transformados en personas llenas de poder y valentía tras sus encuentros con el Cristo resucitado. ¿Y sabes qué? ¡Esa transformación fue el catalizador del nacimiento del cristianismo!

Ocurrió que, poco después de Su gloriosa salida del sepulcro, el Señor instruyó a Sus discípulos a reunirse en el Monte de los Olivos. Allí, les dio la promesa más poderosa que jamás habían escuchado y los comisionó para proclamar las buenas nuevas de la salvación gratuita para todos. Él declaró:

"Toda potestad me es dada en el cielo y en la tierra. Por tanto, id, y haced discípulos a todas las naciones, bautizándolos en el nombre del Padre, y del Hijo, y del Espíritu Santo; enseñándoles que guarden todas las cosas que os he mandado; y he aquí yo estoy con vosotros todos los días, hasta el fin del mundo. Amén."
(Mateo 28:18-20, RVR1960)

¡Impresionante! Como si no fuera suficiente haber vencido a la muerte y humillado tanto a las autoridades romanas como a las judías... Como si no bastara haber restaurado la esperanza y alegría de Sus seguidores... ¡Ahora les estaba diciendo que TODA POTESTAD le había sido dada!

¿Sabes lo que significa "potestad"? Es la capacidad para hacer algo o influir en el curso de los acontecimientos. Y Jesús dijo que toda esa potestad le pertenece. Eso significa que puede hacerlo todo y cambiar cualquier circunstancia. Y prometió estar con ellos mientras obedecían la Gran Comisión.

Eso fue suficiente para que los discípulos quedaran encendidos con una convicción sobrenatural y un celo imparable para anunciar el mensaje de la resurrección, sin importar el costo.

No es de extrañar que más tarde el apóstol Juan escribiera:

"Lo que hemos visto y oído, eso os anunciamos, para que también vosotros tengáis comunión con nosotros; y nuestra comunión verdaderamente es con el Padre, y con su Hijo Jesucristo. Estas cosas os escribimos, para que vuestro gozo sea cumplido." (1 Juan 1:3–4)

LA PRIMERA IGLESIA

El gozo de los apóstoles era pleno y su fe estaba sobrecargada, al darse cuenta de que ya no había nada que los limitara ni los atemorizara. La muerte había sido conquistada, la vergüenza borrada, y la esperanza revitalizada.

Así que, inmediatamente después de ser bautizados con el Espíritu Santo (Hechos 2), entraron en acción con toda fuerza. Pedro, quien antes había negado con miedo al Salvador, lideró la carga con valentía, declarando al mismo pueblo que había pedido la crucifixión de Jesús:

"Varones israelitas, oíd estas palabras:

Jesús nazareno, varón aprobado por Dios entre vosotros con las maravillas, prodigios y señales que Dios hizo entre vosotros por medio de él…A este, entregado por el determinado consejo y anticipado conocimiento de Dios, prendisteis y matasteis por manos de inicuos, crucificándole; al cual Dios levantó, suelto los dolores de la muerte, por cuanto era imposible que fuese retenido por ella..." (Hechos 2:22–24)

Más de 3000 personas creyeron ese mensaje y fueron salvas y añadidas a la comunidad apostólica. Ellos también se convirtieron en proclamadores del mensaje de la resurrección y de sus bendiciones.

La Escritura lo narra así:

"Y perseveraban en la doctrina de los apóstoles, en la comunión unos con otros, en el partimiento del pan y en las oraciones. Y sobrevino temor a toda persona; y muchas maravillas y señales eran hechas por los apóstoles. Todos los que habían creído estaban juntos, y tenían en común todas las cosas; y vendían sus propiedades y sus bienes, y lo repartían a todos según la necesidad de cada uno. Y perseverando unánimes cada día en el templo, y partiendo el pan en las casas, comían juntos con alegría y sencillez de corazón, alabando a Dios, y teniendo favor con todo el pueblo. Y el Señor añadía cada día a la iglesia los que habían de ser salvos." (Hechos 2:42–47)

Esa es, en resumen, la historia del cristianismo y de la Iglesia como la conocemos hoy.

La resurrección fue lo que dio nacimiento a la Iglesia — el cuerpo de Cristo establecido sobre la tierra.

EL ALMA DEL CRISTIANISMO

¿Por qué repasamos esta historia? Para que entiendas que la fe cristiana tiene como fundamento y pilar central la resurrección de Jesucristo.

En otras palabras, sin la resurrección, no habría cristianismo.

Michael Green lo expresó así:

"El cristianismo no considera la resurrección como uno entre varios dogmas. Sin fe en la resurrección, no habría cristianismo en absoluto. La Iglesia jamás habría comenzado; el movimiento de Jesús se habría apagado como una chispa mojada en el momento de Su ejecución. El cristianismo se sostiene o cae con la verdad de la resurrección. Si logras refutarla, entonces has destruido el cristianismo."

Verás esto con mayor claridad al recordar que aquellos que se convirtieron en pilares de la Iglesia primitiva primero se dispersaron y perdieron la esperanza tras la muerte de Jesús. Incluso Pedro, sobre quien Jesús dijo que edificaría Su Iglesia (Mateo 16:18), había decidido volver a la pesca.

Lo que restauró su visión y esperanza fue la resurrección.

Por eso afirmamos que la resurrección constituye el alma del cristianismo, ¡la verdad central del Evangelio!

La pasión de los primeros creyentes

Lo que impulsó y sostuvo a los primeros creyentes en el frente de batalla del Evangelio fue la verdad de la resurrección.

Como escribió Hank Hanegraaff, el "Hombre Respuesta Bíblica":

"Lo que sucedió como resultado de la resurrección es algo sin precedentes en la historia humana. En unos pocos siglos, un pequeño grupo de creyentes aparentemente insignificantes logró trastornar un imperio entero. Como bien se ha dicho, 'enfrentaron el acero de los tiranos, la melena sangrienta de los leones y las llamas de mil muertes', porque estaban absolutamente convencidos de que ellos, como su Maestro, un día resucitarían en cuerpos glorificados."

Incluso el apóstol Pablo, que llegó después y fue uno de los más feroces opositores del Evangelio, quedó transformado tras su encuentro con el Cristo resucitado en el camino a Damasco (Hechos 9:1–9).

Desde ese momento, la resurrección se convirtió en el centro de su vida y ministerio. Como él mismo escribió:

"A fin de conocer a Cristo, y el poder de su resurrección, y la participación de sus padecimientos, llegando a ser semejante a él en su muerte, si en alguna manera llegase a la resurrección de entre los muertos…prosigo a la meta, al premio del supremo llamamiento de Dios en Cristo Jesús." (Filipenses 3:10–14)

¿Por qué la resurrección es tan esencial para la fe cristiana?

1. La resurrección valida nuestra fe.

Es la sustancia que le da sentido. ¿De qué sirve una fe que no ofrece esperanza más allá de esta vida?

¿Qué valor tendría seguir a un líder cuya vida terminó en derrota y sin redención?

2. La resurrección confirma que Dios aceptó el sacrificio de Cristo.

¿Cómo sabríamos que nuestra salvación fue efectuada si Él no hubiera regresado del sepulcro?

Por eso Pablo escribió:

"Y si Cristo no resucitó, vana es entonces nuestra predicación, vana es también vuestra fe…aún estáis en vuestros pecados.

Entonces también los que durmieron en Cristo perecieron.

Si en esta vida solamente esperamos en Cristo, somos los más dignos de conmiseración de todos los hombres." (1 Corintios 15:12–19)

El pastor Jim Eliff lo expresó así:

"Si Jesús no hubiera resucitado de los muertos, no tendríamos la certeza de que el precio de nuestros pecados fue pagado. Su muerte proveyó el único camino para ser aceptados por Dios. La resurrección es la garantía de que la obra fue completada, y que el pecado y su consecuencia —la muerte física y espiritual— fueron completamente vencidos."

3. La resurrección eleva y distingue nuestra fe

La resurrección no solo prueba la obra cumplida de Cristo en la salvación, sino que valida Su divinidad y autoridad.

En otras palabras, no seguimos simplemente a un maestro o profeta —seguimos al Hijo de Dios, al Autor de la Vida misma.

¡Aleluya!

El apóstol Juan testificó de Cristo, diciendo:

"En Él estaba la vida, y la vida era la luz de los hombres." (Juan 1:4)

El mismo Redentor dijo:

"Por eso me ama el Padre, porque yo pongo mi vida, para volverla a tomar. Nadie me la quita, sino que yo la pongo de mí mismo. Tengo poder para ponerla, y tengo poder para volverla a tomar…" (Juan 10:17-18)

En otra ocasión, afirmó:

"Yo soy la resurrección y la vida; el que cree en mí, aunque esté muerto, vivirá." (Juan 11:25, RVR1960)

Y también dijo:

"Yo soy el camino, y la verdad, y la vida; nadie viene al Padre, sino por mí." (Juan 14:6, RVR1960)

¡Ningún otro fundador de religión pudo hacer ni probar tales afirmaciones sobre sí mismo, pero Jesús sí lo hizo! Él hizo declaraciones audaces, como llamarse a sí mismo el Hijo de Dios y decir que tenía autoridad para perdonar pecados. Su resurrección confirma que estas afirmaciones no eran meras palabras vacías, sino la verdad absoluta.

Una vez más, Él declaró que era prerrogativa Suya morir, decidir cuándo morir y cuándo resucitar. ¡Ningún otro líder pudo hacer esto! Ellos no pudieron predecir cuándo morirían, y todos murieron y siguen MUERTOS. Solo

Jesucristo resucitó.

Actualmente, existen unas 4000 religiones, grupos de fe y denominaciones en el mundo, comúnmente agrupadas en cinco grandes religiones: Cristianismo, Islam, Budismo, Hinduismo y Judaísmo. Los fundadores de estas otras creencias pudieron haber sido buenos hombres mientras vivieron. Quizá tocaron vidas y generaron movimientos. Pero Jesucristo está en una clase totalmente diferente.

Mientras estuvo en la tierra, trajo el Reino con Él y lo estableció aquí.

Mientras los demás murieron y aún están enterrados, ¡Jesús murió y resucitó! Su tumba está vacía.

Su capacidad para levantarse de entre los muertos lo confirma como Dios.

Lo coloca por encima de cualquier otro fundador religioso.

Hank Hanegraaff lo expresó así:

"La resurrección no es meramente importante para la fe cristiana histórica; sin ella, no habría cristianismo.
Es la doctrina singular que eleva al cristianismo por encima de todas las demás religiones del mundo.
A través de la resurrección, Cristo demostró que no está en una fila de

iguales con Abraham, Buda o Confucio.
Él es absolutamente único.
Tiene el poder no solo de poner Su vida, sino también de volver a tomarla."

La resurrección es lo que da poder a nuestro evangelio

Sin la resurrección, el evangelio sería como cualquier otra filosofía muerta y hecha por el hombre.

El núcleo de las Buenas Nuevas que predicamos es Cristo y Su resurrección de los muertos.

El hecho de que nuestro Salvador no necesitó de otro para levantarlo, sino que vive para siempre, hace que nuestro evangelio sea diferente y poderoso.

El apóstol Pablo lo declaró con valentía:

"Porque no me avergüenzo del evangelio,
porque es poder de Dios para salvación a todo aquel que cree;
al judío primeramente, y también al griego.
Porque en el evangelio la justicia de Dios se revela por fe y para fe,
como está escrito: Mas el justo por la fe vivirá."
(Romanos 1:16-17)

¿Cuál es la fuente de esta confianza y poder?

¡Es la resurrección y el mensaje que conlleva!

El mensaje de redención, esperanza, gracia sin límites y vida eterna que encierra la resurrección lo hace perfecto para toda necesidad humana.

Proporciona la solución al mayor problema de la humanidad: el pecado y su consecuencia, la muerte.

En otras palabras, solo el evangelio, a través del mensaje de la resurrección, garantiza la eficacia del plan redentor de Dios para la humanidad.

Solo el evangelio cuenta la historia completa de la redención del ser humano.

¡Esta es la verdad que ha sostenido el fervor y el vigor en la difusión del evangelio por siglos!

4. La resurrección afirma la verdad y fiabilidad de la Escritura

La resurrección añade una poderosa capa de evidencia a la autenticidad y veracidad de la Biblia como la Palabra de Dios.

2 Timoteo 3:16 dice: *"Toda la Escritura es inspirada por Dios..."*

Y la resurrección lo prueba totalmente.

Es interesante saber que los libros de la Biblia fueron escritos por diferentes autores, de diversos contextos y ocupaciones, a lo largo de aproximadamente 1500 años.

Muchos de ellos nunca se conocieron entre sí, ¡pero todos coincidieron en profetizar sobre Jesús!

En particular, sobre la muerte y resurrección de Jesús, hay muchas profecías en el Antiguo Testamento, todas anteriores incluso a Su nacimiento.

Por ejemplo, en Génesis 3:15, Dios mismo declaró:

"Y pondré enemistad entre ti y la mujer, y entre tu simiente y la simiente suya; ésta te herirá en la cabeza, y tú le herirás en el calcañar."
¡Solo en un versículo se profetiza el nacimiento, la muerte y la victoria de Jesús mediante la resurrección!
En Salmos 16:10, el rey David fue inspirado para profetizar:

"Porque no dejarás mi alma en el Seol, ni permitirás que tu santo vea corrupción." (NTV)

Evidentemente, David no hablaba de sí mismo. Como recordó el apóstol Pedro en su gran sermón de Hechos 2:29-36:

"Hermanos, se os puede decir libremente del patriarca David, que murió y fue sepultado, y su sepulcro está con nosotros hasta el día de hoy... Viéndolo antes, habló de la resurrección de Cristo, que su alma no fue dejada en el Hades, ni su carne vio corrupción. A este Jesús

resucitó Dios, de lo cual todos nosotros somos testigos..."

También citó al mismo David:

*"Dijo el Señor a mi Señor:
Siéntate a mi diestra,
Hasta que ponga a tus enemigos por estrado de tus pies."*

Y concluyó con poder:

*"Sepa, pues, ciertísimamente toda la casa de Israel,
que a este Jesús a quien vosotros crucificasteis,
Dios le ha hecho Señor y Cristo."*

Hay muchas otras referencias en el Antiguo y el Nuevo Testamento, escritas por distintos autores inspirados, todas confirmadas por la resurrección.

Jesús mismo lo confirmó a los discípulos en el camino a Emaús (Lucas 24:27):

"Y comenzando desde Moisés, y siguiendo por todos los profetas, les declaraba en todas las Escrituras lo que de Él decían."

Esto es maravilloso y refuerza nuestra confianza en la veracidad y confiabilidad de cada parte de la Escritura.

"Toda palabra de Dios es limpia; Él es escudo a los que en Él esperan." (Proverbios 30:5)

Más allá de esta confiabilidad de la Escritura, quiero que notes algo más:

El hecho de que todo el curso de eventos de la misión de Cristo —Su crucifixión, muerte, sepultura y resurrección— ya había sido profetizado en el Antiguo Testamento, demuestra que Dios es específico con cada detalle de nuestras vidas.

Tenlo por seguro: Dios es muy específico contigo. Es intencional con cada palabra que ha declarado sobre ti. Por eso, declaro que en esta temporada habrá cumplimiento de las palabras de Dios sobre tu vida y sobre tu familia.

Como dice Isaías 55:11:

"Así será mi palabra que sale de mi boca; no volverá a mí vacía, sino que hará lo que yo quiero, y será prosperada en aquello para que la envié."

¡En el nombre poderoso de Jesús, cada palabra profética sobre tu vida se cumplirá!

5. La resurrección provocó la liberación del Espíritu Santo y del poder sobre la Iglesia

El Espíritu Santo es el poder con el que la Iglesia puede propagar eficazmente el Evangelio y cumplir el mandato de la Gran Comisión.

Sin el Espíritu Santo, la Iglesia está sin vida, porque todo lo que la Iglesia hace con impacto—ya sea en la ministración o en la administración—es impulsado por el Espíritu Santo.

Sin embargo, la liberación del poder del Espíritu y de los milagros en la Iglesia está estrechamente ligada a la gloriosa resurrección de Jesucristo.

Para empezar, fue durante una de Sus apariciones posteriores a la resurrección que Jesús *"sopló y les dijo: Recibid el Espíritu Santo" (Juan 20:22)*.

Nuevamente, fue durante otra de esas apariciones que Él dio instrucciones específicas sobre cómo sería derramado el Espíritu sobre los apóstoles.

En Hechos 1:4-8 leemos:

"Y estando juntos, les mandó que no se fueran de Jerusalén, sino que esperasen la promesa del Padre, la cual, les dijo, oísteis de mí. Porque Juan ciertamente bautizó con agua, mas vosotros seréis bautizados con el Espíritu Santo dentro de no muchos días. Entonces los que se habían reunido le preguntaron, diciendo: Señor, ¿restaurarás el reino a Israel en este tiempo? Y les dijo: No os toca a vosotros saber los tiempos o las sazones, que el Padre puso en su sola potestad; pero recibiréis poder, cuando haya venido sobre vosotros el Espíritu Santo, y me seréis testigos en Jerusalén, en toda Judea, en Samaria, y hasta lo último de la tierra."

Y en su predicación el día que se derramó el Espíritu, Pedro dio crédito directamente a Jesús y a Su resurrección, diciendo:

"A este Jesús resucitó Dios, de lo cual todos nosotros somos testigos. Así que, exaltado por la diestra de Dios, y habiendo recibido del Padre la promesa del Espíritu Santo, ha derramado esto que vosotros veis y oís." (Hechos 2:32-33)

Como ya vimos, Pablo también atribuyó el derramamiento del Espíritu y de Sus dones a la resurrección y ascensión de Jesús. Él declaró:

"Pero a cada uno de nosotros fue dada la gracia conforme a la medida del don de Cristo.

Por lo cual dice:

Subiendo a lo alto, llevó cautiva la cautividad, y dio dones a los hombres. (Y eso de que subió, ¿qué es, sino que también había descendido primero a las partes más bajas de la tierra? El que descendió, es el mismo que también subió por encima de todos los cielos para llenarlo todo.)

Y él mismo constituyó a unos, apóstoles; a otros, profetas; a otros, evangelistas; a otros, pastores y maestros, a fin de perfeccionar a los santos para la obra del ministerio, para la edificación del cuerpo de Cristo, hasta que todos lleguemos a la unidad de la fe y del conocimiento del Hijo de Dios, a un varón perfecto, a la medida de la estatura de la plenitud de Cristo." (Efesios 4:7–13)

¿Notaste esa expresión al inicio? — "conforme a la medida del don de Cristo".

¿Y cuándo realizó Él esa repartición? "Cuando subió a lo alto".

¿Pero antes de ascender, qué hizo? "Descendió a las partes más bajas de la tierra".

¡Ahora puedes ver que todo lo que hacemos hoy como Iglesia y todas las bendiciones que disfrutamos son resultado directo de la resurrección de Cristo!

¡Alabado sea Dios!

6
LA RESURRECCIÓN Y TU DOMINIO

"El mensaje de la Pascua es que el nuevo mundo de Dios ha sido revelado en Jesucristo, y que ahora estás invitado a formar parte de él."
– N. T. WRIGHT

Aunque es cierto que las bendiciones de la resurrección de Cristo están disponibles para toda la humanidad, también es cierto que no puedes disfrutarlas verdaderamente hasta que las personalices. Por eso, dedicaré este capítulo a mostrarte las multitudes de bendiciones que han sido puestas a tu disposición por medio de la resurrección.

Primero, permíteme recordarte que una de las razones por las cuales Jesús tuvo que resucitar físicamente fue para probar que el sacrificio que ofreció en la cruz en tu favor no solo fue completado con éxito, sino también totalmente aceptado por Dios.

No es de extrañar que declarara, justo antes de morir:

"¡Consumado es!" (Juan 19:30)

¡Sí, consumado es!

La obra de tu salvación y redención está terminada.

Todo lo que necesitas para ser feliz, exitoso, próspero y tener dominio en todas las áreas de tu vida ya ha sido pagado, y el precio fue aceptado por Dios.

Todo lo que queda es que te sumerjas en ello y lo disfrutes.

TU PODER MULTIDIMENSIONAL A TRAVÉS DE LA RESURRECCIÓN

La resurrección de Cristo fue una manifestación sin precedentes del poder grandioso de Dios.

Y lo más glorioso es que Dios ha puesto ese mismo poder a disposición de todo aquel que acepte al Cristo resucitado en su vida.

Cuando comprendes plenamente cuán grande es el poder que tienes accesible y decides apropiarlo conscientemente, puedes estar seguro de que nada en tu vida volverá a ser igual.

Por eso Pablo escribió en Efesios 1:19–23 (NTV):

"También pido en oración que entiendan la increíble

grandeza del poder de Dios para nosotros, los que creemos en Él. Es el mismo gran poder que levantó a Cristo de los muertos y lo sentó en el lugar de honor a la derecha de Dios en los lugares celestiales. Ahora Cristo está por encima de todo: gobernantes, autoridades, poder, líderes y cualquier otra cosa—no solo en este mundo, sino también en el mundo que vendrá. Dios ha puesto todas las cosas bajo la autoridad de Cristo, y lo ha hecho cabeza de todo para beneficio de la iglesia. Y la iglesia es su cuerpo; ella está llena y completa por Cristo, quien llena todas las cosas en todas partes con su presencia."

Veamos ahora las diferentes dimensiones de este poder de la resurrección que Dios te ha dado para que vivas y funciones en plenitud.

1. PODER PARA VIVIR EN NOVEDAD DE VIDA

Por medio de la resurrección de Cristo, no solo tienes acceso a la salvación del pecado y justificación (Romanos 10:9; 4:25), sino también poder para vivir en novedad de vida, que proviene del nuevo nacimiento (1 Pedro 1:3).

Colosenses 2:11–12 lo explica así (NTV):

"Cuando ustedes llegaron a Cristo, fueron 'circuncidados', pero no mediante un procedimiento corporal. Cristo llevó a cabo una circuncisión espiritual:

es decir, les quitó la naturaleza pecaminosa. Pues ustedes fueron sepultados con Cristo cuando se bautizaron. Y con él también fueron resucitados para vivir una vida nueva, debido a que confiaron en el gran poder de Dios, quien levantó a Cristo de los muertos."

¿No es esto glorioso? Con la muerte y sepultura de Cristo, el precio de tus pecados —sin importar cuán numerosos o horribles— fue pagado, y tus pecados fueron sepultados con Él.

Pero con Su resurrección, se liberó el poder para que tú seas una nueva persona.

"De modo que si alguno está en Cristo, nueva criatura es; las cosas viejas pasaron; he aquí todas son hechas nuevas." (2 Corintios 5:17)

Esto implica que puedes vivir por encima de la culpa y condenación de tus pecados pasados, y además, puedes recibir poder para vivir por encima del pecado todos los días de tu vida, mediante la gracia de Dios (Romanos 6:14, Tito 2:11–12).

No dejes que nadie te haga pensar que estás demasiado perdido en el pecado como para ser redimido, o que tus hábitos y adicciones son demasiado fuertes como para ser vencidos.

Si clamas sinceramente a Dios para que limpie tus pecados con la sangre de Jesús y te vivifique con el poder de la resurrección que levantó a Jesús del sepulcro, toda cadena que te ha mantenido atado será rota y saldrás con el poder triunfante del Cristo resucitado.

"Porque somos sepultados juntamente con Él para muerte por el bautismo, a fin de que como Cristo resucitó de los muertos por la gloria del Padre, así también nosotros andemos en vida nueva…sabiendo esto, que nuestro viejo hombre fue crucificado juntamente con Él, para que el cuerpo del pecado sea destruido, a fin de que no sirvamos más al pecado." (Romanos 6:4–6)

Por el poder de la resurrección de Jesús, puedes ser libre de la esclavitud a cualquier tipo de hábito o relación pecaminosa y vivir la vida semejante a Cristo a la que has sido llamado.

A través de la resurrección, puedes sentir y disfrutar literalmente la presencia de Cristo y Su poder sobre el pecado en tu experiencia diaria.

El apóstol Pablo compartió su testimonio así:

"Con Cristo estoy juntamente crucificado, y ya no vivo yo, mas vive Cristo en mí; y lo que ahora vivo en la carne, lo vivo en la fe del Hijo de Dios, el cual me amó y se entregó a sí mismo por mí." (Gálatas 2:20)

¡Oro para que este también sea tu testimonio!

2. PODER SOBRE PRINCIPADOS Y POTESTADES

El apóstol Pablo, en la oración que leímos anteriormente, declaró que tras la resurrección, Dios colocó a Jesucristo a Su diestra, "sobre todo principado y autoridad y poder y señorío, y sobre todo nombre que se nombra, no solo en este siglo, sino también en el venidero. Y sometió todas las cosas bajo sus pies…" (Efesios 1:21-22, RVR1960).

Pero como si quisiera enfatizarlo aún más y dejar bien claro dónde te encuentras tú en este nuevo orden, en el capítulo siguiente reveló:

"Pero Dios, que es rico en misericordia, por su gran amor con que nos amó, aun estando nosotros muertos en pecados, nos dio vida juntamente con Cristo (por gracia sois salvos), y juntamente con Él nos resucitó, y asimismo nos hizo sentar en los lugares celestiales con Cristo Jesús." (Efesios 2:4-6)

¿Qué significa esto para ti?

Significa que si el mismo poder que resucitó a Jesús de entre los muertos también te ha vivificado del pecado, entonces ocupas el mismo lugar de autoridad y dominio que Jesús ocupa en los cielos.

Has sido reposicionado para tener autoridad sobre principados y potestades y todas las fuerzas de las tinieblas, al punto que te reconocen y tiemblan ante ti.

Pablo fue un testimonio viviente de esto.

Cuando los siete hijos de Esceva—quienes no habían recibido al Cristo resucitado en su interior—intentaron echar fuera demonios como habían visto hacer a Pablo, el resultado los dejó en shock:

"Algunos judíos que andaban expulsando espíritus malignos intentaban invocar el nombre del Señor Jesús sobre los que tenían espíritus malignos, diciendo:

'¡Os conjuro por Jesús, el que predica Pablo!'

Eran siete hijos de un tal Esceva, un jefe de los sacerdotes judíos, los que hacían esto.

Pero respondiendo el espíritu malo, dijo:

'A Jesús conozco, y sé quién es Pablo; pero vosotros, ¿quiénes sois?'

Y el hombre en quien estaba el espíritu malo saltó sobre ellos y, dominándolos a todos, los maltrató de tal manera que huyeron de aquella casa desnudos y heridos."

(Hechos 19:13-16)

¿Viste ese poderoso testimonio del espíritu maligno?

Reconoció la autoridad de Pablo al igual que la de Jesús.

¿Por qué? Porque el Pablo regenerado estaba sentado en el mismo lugar de dominio ilimitado que el Cristo resucitado.

¿Comprendes cuán grande es el poder que llevas ahora como redimido del Señor?

La Escritura dice acerca de Cristo resucitado:

"Y despojando a los principados y a las potestades, los exhibió públicamente, triunfando sobre ellos en la cruz." (Colosenses 2:15)

Por tanto, ya sea de día o de noche, en la ciudad o en el campo, no tienes razón para temer ataques satánicos o tormentos demoníacos, porque "mayor es el que está en vosotros, que el que está en el mundo" (1 Juan 4:4).

3. PODER PARA VIVIFICAR Y TRANSMITIR VIDA

El poder de la resurrección es un poder vivificante, dador de vida. No es de extrañar que 1 Corintios 15:45 diga:

"El primer hombre, Adán, fue hecho alma viviente; el

postrer Adán, espíritu vivificante."

Ese espíritu vivificante es el que tú tienes dentro de ti como hijo de Dios. Esto significa que todo lo que declares con vida, cobrará vida. Lo que actives será activado y lo que desactives será desactivado. ¿Cómo usas este poder? A tu alrededor hay personas viviendo sin vida, sin esperanza. Algunos están espiritualmente muertos y otros están físicamente muriendo. Muchos de ellos, como los macedonios, están clamando en silencio: "Pasa… y ayúdanos" (Hechos 16:9-10).

Con el poder de la resurrección obrando en ti, eres representante de Cristo ante estas personas.

Transmite ese mismo poder para vivificar su espíritu, alma y cuerpo.

Sigue la instrucción que Dios dio al profeta Ezequiel:

"Profetiza sobre estos huesos, y diles: Huesos secos, oíd palabra de Jehová. Así ha dicho Jehová el Señor a estos huesos: He aquí, yo hago entrar espíritu en vosotros, y viviréis. Y pondré tendones sobre vosotros, y haré subir sobre vosotros carne, y os cubriré de piel, y pondré en vosotros espíritu, y viviréis; y sabréis que yo soy Jehová." (Ezequiel 37:4-6)

Dondequiera que vayas, que tu testimonio sea como el de Jesús en Mateo 4:15-16:

"Tierra de Zabulón y tierra de Neftalí, camino del mar, al otro lado del Jordán, Galilea de los gentiles; el pueblo asentado en tinieblas vio gran luz; y a los asentados en región de sombra de muerte, luz les resplandeció."

Puedes usar personalmente este poder vivificante para llamar a existencia tus bendiciones y todo aquello que parece estar muriendo o inactivo en tu vida.

Llama a tu milagro, tu promoción, tus ideas de negocio, tu sanidad y todo lo que desees ver manifestado.

PODER PARA SEÑALES Y MARAVILLAS SOBRENATURALES

Más allá de impartir vida, el poder de la resurrección que está en ti es un poder de milagros integrales.

La Escritura revela que cuando el Cristo resucitado dio a Sus discípulos el mandato de la Gran Comisión, también añadió que, con todo el poder ahora en Él, también se manifestaría el poder para milagros diversos:

"Y estas señales seguirán a los que creen:

En mi nombre echarán fuera demonios; hablarán nuevas

lenguas; tomarán en las manos serpientes, y si bebieren cosa mortífera, no les hará daño; sobre los enfermos pondrán sus manos, y sanarán." (Marcos 16:17-18)

Si eres uno de los que ha recibido a Cristo, entonces tu vida debe reflejar continuamente estas señales y maravillas.

De hecho, el Mesías ya lo había dicho:

"De cierto, de cierto os digo: El que en mí cree, las obras que yo hago, él las hará también; y aún mayores hará, porque yo voy al Padre." (Juan 14:12)

¿Cuántas obras grandes recuerdas que haya hecho Cristo?

¡Muchas!

Pero aquí Él está diciendo que no solo estás empoderado para continuar donde Él se detuvo, sino que también estás equipado para hacer aún más.

Y lo que ocurrió con los apóstoles tras la ascensión del Señor lo confirma plenamente.

En Hechos 3, Pedro y Juan sanaron a un hombre cojo de nacimiento con una simple orden en el nombre de Jesús (Hechos 3:1-8).

Luego, en Hechos 5:12-16:

"Y por la mano de los apóstoles se hacían muchas señales y prodigios en el pueblo…tanto que sacaban los enfermos a las calles, y los ponían en camas y lechos, para que al pasar Pedro, a lo menos su sombra cayese sobre alguno de ellos.

Y aun de las ciudades vecinas muchos venían a Jerusalén, trayendo enfermos y atormentados de espíritus inmundos; y todos eran sanados."

¡Este mismo poder milagroso y glorioso está en ti hoy, como hijo del Dios resucitado!

El último versículo allí es particularmente interesante.

Dice que todo caso que fue llevado a los discípulos recibió solución. ¡Así de POTENTE es el poder de la resurrección que obra en ti! No conoce limitaciones ni imposibles.

4. PODER PARA CONQUISTAR OBSTÁCULOS Y OPOSICIONES

Mateo 28:2, al narrar la historia de la resurrección, dice: "Y hubo un gran terremoto; porque un ángel del Señor descendió del cielo, y llegando, removió la piedra, y se sentó sobre ella". ¡Aleluya! El poder de la resurrección que actúa en tu vida es imparable. Recuerda que la tumba de Jesús había sido sellada con una gran piedra. Sin embargo, tan pronto como el poder de la resurrección se puso en movimiento, nada pudo detener al Señor de salir del sepulcro.

Por el poder de la resurrección que está disponible para ti, ninguna barrera u oposición podrá impedirte cumplir tu propósito y destino. Estás destinado a la cima y ninguna oposición podrá frenar tu exaltación. Al activar el poder de la resurrección en ti, ningún encantamiento frustrará tu entronización. Ninguna manipulación impedirá tu manifestación. Llegarás a ser todo lo que Dios ha determinado que seas por el poder de Cristo resucitado. Si ninguna tumba pudo retener a Jesús, ningún poder podrá retenerte a ti, porque Cristo en ti es la esperanza de gloria (Colosenses 1:27).

5. PODER PARA SOMETER A TODO ENEMIGO EN TU VIDA DIARIA

Algo más ocurrió en la resurrección que necesitas tener en cuenta. Leamos nuevamente el relato de Mateo: "Y hubo un gran terremoto; porque un ángel del Señor descendió del cielo, y llegando, removió la piedra, y se sentó sobre ella. Su aspecto era como un relámpago, y su vestido blanco como la nieve. Y de miedo de él los guardas temblaron y se quedaron como muertos" (Mateo 28:2-4).

El poder que levantó a Jesús de entre los muertos no solo quitó la piedra de Su tumba, sino que también desarmó a sus enemigos. Aquellos enemigos que custodiaban la tumba, creyendo que podían impedir el acceso, fueron subyugados y paralizados por el poder de la resurrección, al punto que "se quedaron como muertos".

Además, Filipenses 2:8-11, hablando de Jesús, dice: "Y estando en la condición de hombre, se humilló a sí mismo, haciéndose obediente hasta la muerte, y muerte de cruz. Por lo cual Dios también le exaltó hasta lo sumo, y le dio un nombre que es sobre todo nombre; para que en el nombre de Jesús se doble toda rodilla de los que están en los cielos, y en la tierra, y debajo de la tierra; y toda lengua confiese que Jesucristo es el Señor, para gloria de Dios Padre."

La seguridad que tienes es que, al invocar el nombre exaltado de Cristo resucitado contra todo enemigo, ellos serán subyugados ante ti y reconocerán que Jesús es el Señor. Tienes el poder de incapacitar a todo Faraón que ha jurado impedir tu avance y a todo Amán que conspira para destruirte.

"¡Dichoso tú, Israel! ¿Quién como tú, pueblo salvado por el SEÑOR? Él es escudo que te ayuda, y espada que te da poder. Tus enemigos se doblegarán ante ti, y tú pisotearás sus espaldas." (Deuteronomio 33:29, NTV)

6. PODER PARA BIENESTAR FÍSICO Y SALUD MENTAL

Romanos 8:11 te asegura que "si el Espíritu de aquel que levantó de los muertos a Jesús mora en vosotros, el que levantó de los muertos a Cristo Jesús vivificará también vuestros cuerpos mortales por su Espíritu que mora en vosotros". El mismo poder que vivificó el cuerpo de Jesús desde la tumba está presente en ti y debe ser activado para dar vida y bienestar a cada parte de tu cuerpo.

Por el poder de la resurrección, cada parte de tu cuerpo debe funcionar saludable y óptimamente. Cada célula, tejido u órgano en tu cuerpo debe responder al poder de la resurrección. No debe haber esterilidad ni impotencia, y debes ser rejuvenecido cada día. De hecho, por el poder de Cristo resucitado, "como tus días serán tus fuerzas" (Deuteronomio 33:25, RVR1960).

El poder de la resurrección también ayuda a activar tu mente para una productividad innovadora y creatividad. 2 Timoteo 1:7 dice que Dios no te ha dado espíritu de cobardía, "sino de poder, de amor y de dominio propio".

7. PODER PARA CONQUISTAR LIMITACIONES Y SUPERAR EXPECTATIVAS

Un punto destacado del poder de la resurrección es su efecto transformador. Rompe leyes y limitaciones naturales y las reemplaza con lo sobrenatural. Eso fue lo que ocurrió con los apóstoles y eso es lo que sucederá contigo al comenzar a activar este poder en tu vida.

Por ejemplo, Pedro y Juan. Hechos 4:13 revela que "al ver el denuedo de Pedro y de Juan, y sabiendo que eran hombres sin letras y del vulgo, se maravillaban; y les reconocían que habían estado con Jesús".

Aparentemente, por el trasfondo social y educativo de Pedro y Juan, nadie esperaba mucho de ellos. Pero como era el poder de la resurrección el que obraba en ellos, sus vidas se volvieron una maravilla, y la gente concluyó que habían estado con Jesús.

Tú también tienes este poder para hacer de tu vida un testimonio del poder omnipotente de Cristo resucitado. No sé qué cosas negativas se han dicho de ti, cuántos te han descartado, o qué resultados negativos esperan los demás de tu vida. Pero, por tu relación con Cristo resucitado y por virtud de Su poder que opera en ti, superarás toda expectativa y serás una maravilla para tu generación.

8. PODER PARA IMPACTO ILIMITADO EN EL MUNDO Y EN EL REINO DE DIOS

Cuando Cristo resucitado nos dio el mandato de predicar el evangelio, prometió estar con nosotros en todo lugar donde vayamos en obediencia a Su mandato. Y para mostrar que esta promesa es confiable, Marcos 16:19-20 dice: "Y el Señor, después que les habló, fue recibido arriba en el cielo, y se sentó a la diestra de Dios. Y ellos, saliendo, predicaron en todas partes, ayudándoles el Señor, y confirmando la palabra con las señales que la seguían. Amén."

¿Qué te dice esto? Que tienes poder para causar un impacto ilimitado en el mundo a tu alrededor al predicar las Buenas Nuevas. La certeza de que el Señor resucitado está siempre contigo debe llenarte de valor inquebrantable como los primeros apóstoles.

Asimismo, la Escritura revela que, al ascender al cielo, el Cristo resucitado distribuyó dones para edificación de Su iglesia y para una ejecución mayor del mandato del Reino. Estos dones están disponibles para empoderarte con mayor utilidad y fruto en el Reino de Dios. ¡Búscalos con anhelo y serás lleno!

9. PODER PARA PERSEVERAR EN LA FE HASTA LA GLORIA ETERNA

Este es el efecto supremo del poder de la resurrección en tu vida. Según 1 Pedro 1:3-6:

"¡Bendito el Dios y Padre de nuestro Señor Jesucristo!

Por su gran misericordia, nos ha hecho nacer de nuevo mediante la resurrección de Jesucristo, para que tengamos una esperanza viva y recibamos una herencia indestructible, incontaminada e inmarchitable.

Esta herencia está reservada en el cielo para ustedes, a quienes el poder de Dios protege mediante la fe, hasta que llegue la salvación que se ha de revelar en los últimos tiempos."

Ahora que sabes cuán extenso es el poder que puedes ejercer y disfrutar a través de la resurrección de Cristo, ha llegado el momento de comenzar a activarlo y vivir cada día consciente del dominio que tienes en el Cristo resucitado.

7
LA RESURRECCIÓN Y NUESTRA GLORIA ETERNA

"El tiempo es corto. La eternidad es larga. Es razonable que esta corta vida se viva a la luz de la eternidad."

– C. H. SPURGEON

Esta es, sin duda, la mayor bendición que nos ofrece la resurrección de Cristo: la garantía concreta e inquebrantable de que algún día todos seremos resucitados para reinar con Cristo por la eternidad. ¡Alabado sea Dios!

Esta verdad, por sí sola, le otorga una dimensión mayor de significado, propósito y vigor a nuestra vida actual. Porque, sin importar los gozos y triunfos que disfrutemos por medio de la resurrección en este mundo, nuestra vida terrenal sigue siendo como "neblina que aparece por un poco de tiempo, y luego se desvanece" (Santiago 4:14). Además, ese poco tiempo a veces es sacudido por momentos de tristeza y desesperanza, que solo la gracia de Dios, a través del poder de la resurrección, nos ayuda a superar.

Ahora bien, ¿no sería terriblemente miserable y sin sentido, si eso fuera todo lo que hay en la vida? ¿Si la vida fuera únicamente ese breve tiempo en la tierra, con sus muchas batallas peleadas y victorias ganadas? Claro que sí, pues siempre habría incertidumbre sobre cuándo y cómo terminaría todo, y qué pasaría con nosotros y con todo por lo que hemos trabajado. No es de extrañar que el apóstol Pablo dijera: "Si en esta vida solamente esperamos en Cristo, somos los más dignos de conmiseración de todos los hombres" (1 Corintios 15:19, RVR1960).

CONSUELO QUE VIENE DE LA RESURRECCIÓN

Afortunadamente, sin embargo, por la verdad de la resurrección, así como por la abundante seguridad que tenemos en las Escrituras y por la prueba contundente que nuestro Señor mismo nos demostró, sabemos que hay mucho más en la vida que lo que poseemos en la tierra. La resurrección, en particular, nos demuestra que la muerte ya no es un enemigo al que temer, sino un pasadizo que podemos abrazar con gozo, como puerta de entrada a una vida mucho más gloriosa y eterna.

Hebreos 2:14-15 lo dice claramente al hablar de la muerte y resurrección de Cristo:

"Así que, por cuanto los hijos participaron de carne y sangre, Él también participó de lo mismo, para destruir por medio de la muerte al que tenía el imperio de la muerte, esto es, al diablo, y librar a todos los que por el temor de la muerte estaban durante toda la vida sujetos a servidumbre" (RVR1960).

Jesús ha vencido el temor a la muerte, junto con el diablo, que tenía el poder sobre ella. Para nosotros, entonces, la muerte no es el fin de la vida, sino una transición hacia la gloria eterna y una herencia imperecedera. Como lo declara 1 Pedro 1:3-6:

"¡Bendito sea el Dios y Padre de nuestro Señor Jesucristo! Por su gran misericordia, nos ha hecho nacer de nuevo mediante la resurrección de Jesucristo, para que tengamos una esperanza viva y recibamos una herencia indestructible, incontaminada e inmarchitable. Esta herencia está reservada en el cielo para ustedes, a quienes el poder de Dios protege mediante la fe hasta que llegue la salvación que se ha de revelar en los últimos tiempos. Esto es para ustedes motivo de gran alegría, a pesar de que hasta ahora han tenido que sufrir diversas pruebas por un tiempo."

Esta es otra razón por la cual la resurrección eleva nuestra fe y fortalece nuestra esperanza, mucho más allá que la de los seguidores de otras religiones o de los que confían en la ciencia. Aunque algunas religiones mencionan vagamente la vida después de la muerte, sus afirmaciones son inciertas y carentes de pruebas sólidas, ya que ninguno de sus fundadores ha demostrado con su vida que exista tal esperanza. Y quienes confían en la ciencia enfrentan un dilema aún más grande, pues la ciencia no ofrece ninguna prueba definitiva sobre la vida después de la muerte.

Solo Jesús, por medio de Su resurrección, ha provisto una prueba poderosa y convincente de que la vida eterna es una certeza para todos los que lo siguen. Como explicó el predicador escocés-estadounidense Peter Marshall:

"Ningún tabloide imprimirá jamás la impactante noticia de que se ha descubierto el cuerpo momificado de Jesús de Nazaret en la antigua Jerusalén. Los cristianos no tenemos un cuerpo embalsamado en una vitrina de cristal para adorar. Gracias a Dios, tenemos una tumba vacía. El glorioso hecho que proclama la tumba vacía es que la vida para nosotros no termina cuando llega la muerte. La muerte no es un muro, sino una puerta."

GARANTÍAS DE LA RESURRECCIÓN FINAL Y LA VIDA ETERNA

Aun antes de Su muerte y resurrección, Cristo había dejado claro con frecuencia que todo aquel que lo acepte no solo disfrutará de vida abundante en la tierra, sino también de una vida eterna que jamás podrá ser terminada por la muerte. Él declaró en Juan 11:25-26:

"Yo soy la resurrección y la vida; el que cree en mí, aunque esté muerto, vivirá. Y todo aquel que vive y cree en mí, no morirá eternamente…"

¡Qué promesa tan reconfortante! Los creyentes en Cristo no mueren, simplemente pasan a sus cuerpos gloriosos y a su hogar celestial. El Señor reafirmó esta verdad diciendo:

"No se turbe vuestro corazón; creéis en Dios, creed también en mí. En la casa de mi Padre muchas moradas hay… voy, pues, a preparar lugar para vosotros. Y si me fuere y os preparare lugar, vendré otra vez, y os tomaré a mí mismo, para que donde yo estoy, vosotros también estéis" (Juan 14:1-3).

Cuando Jesús resucitó, la fe de los discípulos se fortaleció aún más en estas promesas. Ya no les quedó duda de que Jesús es verdaderamente la fuente de la vida, y que tenerlo a Él significa tener una vida que nunca morirá ni estará amenazada por el temor a la muerte. Esencialmente, a través de Su resurrección, Jesús nos dio la mejor prueba práctica del poder de la resurrección final y la vida eterna para los creyentes.

En el ámbito humano, una prueba de concepto (POC, por sus siglas en inglés) es una demostración o experimento usado para validar o probar la viabilidad o fiabilidad de una idea. En el contexto de la resurrección final y la vida eterna, Jesús pareció demostrarnos primero la validez del concepto resucitando a diferentes personas en distintos momentos de muerte. Estas incluyen a la hija de Jairo, que acababa de morir (Lucas 8:41-56), y a Lázaro, que llevaba cuatro días muerto y ya estaba en descomposición (Juan 11). Luego, completó todo resucitando Él mismo:

"Respondió Jesús y les dijo: Destruid este templo, y en tres días lo levantaré… Mas él hablaba del templo de su cuerpo. Por tanto, cuando resucitó de entre los muertos, sus discípulos se acordaron que había dicho esto; y creyeron la Escritura y la palabra que Jesús había dicho" (Juan 2:19-22).

No es de sorprender que los primeros apóstoles desarrollaran una perspectiva radical sobre la muerte, al punto de empezar a usar la expresión "durmió" para referirse al morir (ver Hechos 7:60, 1 Corintios 15:6, 20 y 1 Tesalonicenses 4:13-18). Curiosamente, el mismo Señor también usó esta expresión en casos como los de Lázaro y la hija de Jairo. La razón es simple: el sueño implica un estado pacífico y temporal, no una conclusión definitiva como suele asociarse con la muerte. Así, se enfatiza que la muerte no es el fin para los creyentes, sino solo un descanso temporal antes de despertar a una nueva y eterna vida.

ANCLA SEGURA EN LAS TORMENTAS DE LA VIDA

Los primeros creyentes se aferraron con firmeza a las promesas de vida eterna dadas por el Señor, aun en medio de persecuciones y tribulaciones, y solían usarlas para alentarse mutuamente. En 1 Juan 5:11-13, por ejemplo, el apóstol repitió lo que Cristo les había enseñado:

"Y este es el testimonio: que Dios nos ha dado vida eterna; y esta vida está en su Hijo. El que tiene al Hijo, tiene la vida; el que no tiene al Hijo de Dios, no tiene la vida. Estas cosas os he escrito a vosotros que creéis en el nombre del Hijo de Dios, para que sepáis que tenéis vida eterna..." (RVR1960).

Anteriormente, Pablo también había escrito para animar a los tesalonicenses, quienes estaban luchando con la pérdida de sus seres queridos:

"Tampoco queremos, hermanos, que ignoréis acerca de los que duermen, para que no os entristezcáis como los otros que no tienen esperanza... Porque el Señor mismo con voz de mando, con voz de arcángel, y con trompeta de Dios, descenderá del cielo; y los muertos en Cristo resucitarán primero. Luego nosotros... seremos arrebatados juntamente con ellos en las nubes para recibir al Señor en el aire, y así estaremos siempre con el Señor. Por tanto, alentaos los unos a los otros con estas palabras" (1 Tesalonicenses 4:13-18, RVR1960).

También escribió a los corintios:

"He aquí, os digo un misterio: no todos dormiremos; pero todos seremos transformados... porque es necesario que esto corruptible se vista de incorrupción, y esto mortal se vista de inmortalidad... Sorbida es la muerte en victoria" (1 Corintios 15:51-54).

VISLUMBRES DE NUESTRA HERENCIA ETERNA

Mientras disfrutamos de la esperanza de esa gloriosa vida celestial que nos espera cuando esta termine (ya sea por muerte o por el regreso de Cristo), es importante tener una idea de cómo será esa nueva vida. Esto fortalecerá nuestra fe, disipará el temor a la muerte y nos hará valorar más lo que Cristo ha logrado por nosotros. Aquí algunos vislumbres:

1. **Seremos transformados.**

Ya sea que partamos por la muerte o por el arrebatamiento, dejaremos este cuerpo actual con todas sus debilidades y lo cambiaremos por un cuerpo perfecto y glorioso.

"Pero nuestra ciudadanía está en los cielos, de donde también esperamos al Salvador… el cual transformará el cuerpo de la humillación nuestra, para que sea semejante al cuerpo de la gloria suya…" (Filipenses 3:20-21, ver también 1 Corintios 15:51-54 y 2 Corintios 5:1).

Seremos consolados y disfrutaremos plenitud de paz y gozo.

"Enjugará Dios toda lágrima de los ojos de ellos; y ya no habrá muerte, ni habrá más llanto, ni clamor, ni dolor…" (Apocalipsis 21:3-4).

2. Adoraremos a Dios junto a todos los santos.

"Después de esto miré, y he aquí una gran multitud… de pie delante del trono y en la presencia del Cordero… y clamaban a gran voz, diciendo: ¡La salvación pertenece a nuestro Dios que está sentado en el trono, y al Cordero!" (Apocalipsis 7:9-10).

3. No habrá más maldad ni impureza.

"No entrará en ella ninguna cosa impura, o que hace abominación y mentira, sino solo los que están inscritos en el libro de la vida del Cordero" (Apocalipsis 21:27).

4. Recibiremos recompensas eternas y reinaremos con Dios.

"Por su gran misericordia, nos hizo nacer de nuevo mediante la resurrección de Jesucristo... para una herencia incorruptible, incontaminada e inmarcesible, reservada en los cielos..." (1 Pedro 1:3-5).

"No habrá más maldición... y reinaremos por los siglos de los siglos" (Apocalipsis 22:3-5).

Frente a estas gloriosas promesas, no es de extrañar que la Escritura diga:

"Bienaventurados de aquí en adelante los muertos que mueren en el Señor... descansarán de sus trabajos, porque sus obras con ellos siguen" (Apocalipsis 14:13).

Así también muchos creyentes, tanto en los tiempos bíblicos como en la actualidad, han abrazado la muerte con gozo y paz.

Mira, por ejemplo, cómo se describe la muerte de Esteban:

"Pero Esteban, lleno del Espíritu Santo, puestos los ojos en el cielo, vio la gloria de Dios... y dijo: He aquí, veo los cielos abiertos, y al Hijo del Hombre que está a la diestra de Dios... Señor Jesús, recibe mi espíritu... Señor, no les tomes en cuenta este pecado. Y habiendo dicho esto, durmió" (Hechos 7:55-60).

Pablo también escribió con plena confianza:

"Porque para mí el vivir es Cristo, y el morir es ganancia... deseo partir y estar con Cristo, lo cual es muchísimo mejor" (Filipenses 1:21-24).

Y antes de morir, escribió:

"He peleado la buena batalla, he acabado la carrera, he guardado la fe. Por lo demás, me está guardada la corona de justicia..." (2 Timoteo 4:6-8).

¡Qué bendita esperanza y seguridad nos da saber que, porque nuestro Salvador venció la muerte y resucitó, hemos sido redimidos para una vida bendecida en la tierra y un reinado glorioso en el cielo!

Porque Cristo vive, sabemos que nuestra vida no puede terminar. Cuando llegue nuestra partida de esta tierra, no será el final, sino el comienzo de gozos mayores. Como dijo Phillips Brooks, que cada creyente se vea a sí mismo como inmortal.

"Que capte la revelación de Jesús en su resurrección. Que no solo diga: '¡Cristo ha resucitado!', sino: '¡Yo también resucitaré!'"

CONCLUSIÓN
¡TÚ ERES EL QUINTO EVANGELIO!

¡Qué gran y glorioso recorrido de revelaciones hemos tenido hasta ahora sobre los inagotables beneficios de la resurrección de Cristo! No solo hemos obtenido una comprensión más clara de la bienaventuranza que encierra la resurrección de Jesús, sino también una visión más profunda de las múltiples provisiones y privilegios que son nuestros a través de esa experiencia. En todo esto, tenemos la seguridad de que, aun en nuestros momentos más oscuros, siempre hay esperanza de renovación, redención y nuevos comienzos. ¡Sabemos que, porque Jesús ganó la victoria, nosotros también tenemos la victoria!

Por tanto, si aún no has aceptado a Jesucristo en tu vida, te invito a que lo entregues todo a Él hoy. Él tomó sobre sí todas las aflicciones y sufrimientos, murió en la cruz y resucitó, para que tú ya no vivas atado al pecado ni seas afligido por Satanás. Y si ya has hecho a Cristo tu Señor, te animo a permanecer en el camino de la salvación, para que no lo crucifiques de nuevo con una vida de pecado.

Más allá de esto, es importante recordar que los escritores de los cuatro Evangelios (Mateo, Marcos, Lucas y Juan) presentaron relatos individuales y únicos de la resurrección de Jesucristo. Ahora, tú y yo somos el Quinto Evangelio. Hemos sido comisionados y empoderados para anunciar al mundo y proclamar la verdad de la resurrección. Los ángeles dijeron a las mujeres en la tumba que proclamaran la buena noticia de la resurrección. Jesús también encargó a los discípulos que difundieran el mensaje. No guardes el mensaje de la resurrección para ti solo; compártelo. Lleva este mensaje de salvación y esperanza a tus amigos, familiares y a todos los que te rodean. Hazles saber que Dios los ama y desea redimirlos para Sí mismo.

Todavía hay multitudes alrededor del mundo que están ciegas a la luz del Evangelio y, por lo tanto, carecen de la poderosa seguridad que brinda la resurrección de Cristo, tanto para esta vida como para la vida eterna. Esta es la razón por la que muchos están confundidos, ansiosos, deprimidos e incluso suicidas. De hecho, las estadísticas muestran que cada año, cerca de 800,000 personas mueren por suicidio. Esto significa que ocurre un suicidio cada 40 segundos, y por cada suicidio, se estima que hay más de 20 intentos. ¡Qué cuadro tan trágico!

La mayoría de estas tragedias surgen porque las personas tienen preguntas sin respuesta sobre la vida y no pueden ver la luz al final del túnel en medio de los desafíos. Pero para nosotros, los que estamos en Cristo, tenemos respuestas a estas preguntas y contamos con el consuelo y la fortaleza necesarios para atravesar las complejidades de la vida, gracias al mensaje de la resurrección. No es de extrañar que Jesús haya dicho que somos la luz del mundo. ¡Y ahora es el momento de esparcir esta luz del evangelio con mayor intensidad que nunca!

La misma poderosa comisión que el Señor dio a todos los que fueron testigos de Su resurrección, es la que nos está dando hoy a ti y a mí. Debemos difundir este mensaje de esperanza, luz y vida eterna que la resurrección trae a este mundo oscuro, sombrío y desesperado. Como lo expresó acertadamente Ravi Zacharias:

"Fuera de la cruz de Jesucristo, no hay esperanza en este mundo. Esa cruz y resurrección, en el corazón del Evangelio, es la única esperanza para la humanidad."

www.ingramcontent.com/pod-product-compliance
Lightning Source LLC
LaVergne TN
LVHW051843080426
835512LV00018B/3050